现代高校花式跳绳训练与教学研究

王婷婷　张玉良　著

东北大学出版社

·沈　阳·

图书在版编目(CIP)数据

现代高校花式跳绳训练与教学研究 / 王婷婷，张玉
良著. -- 沈阳：东北大学出版社，2024. 12. -- ISBN
978-7-5517-3719-7

Ⅰ. G898.12

中国国家版本馆 CIP 数据核字第 2024MX2050 号

出　版　者：东北大学出版社
　　　　　　地址：沈阳市和平区文化路三号巷 11 号
　　　　　　邮编：110819
　　　　　　电话：024-83683655(总编室)
　　　　　　　　　024-83687331(营销部)
　　　　　　网址：http://press.neu.edu.cn
印　刷　者：辽宁一诺广告印务有限公司
发　行　者：东北大学出版社
幅面尺寸：185 mm×260 mm
印　　张：8
字　　数：157 千字
出版时间：2024 年 12 月第 1 版
印刷时间：2025 年 1 月第 1 次印刷
责任编辑：高艳君
责任校对：邱　静
封面设计：张田田　潘正一
责任出版：初　茗

ISBN 978-7-5517-3719-7　　　　　　　　　　定　价：45.00 元

前　言

花式跳绳作为一项集健身、娱乐、竞技、表演等于一体的新兴运动项目,近年来逐渐受到高校体育教育界的关注与青睐。花式跳绳不仅简便易行、负荷强度适中,而且教学灵活多样,娱乐观赏性强,非常适合在高校公共体育课程中推广普及。然而,尽管花式跳绳具有诸多优点,但目前在高校中的普及程度和教学质量仍参差不齐。部分高校受教学内容、师资力量、教学资源等方面的限制,尚未能充分发挥花式跳绳的教学优势。因此,对现代高校花式跳绳训练与教学进行系统研究,探索科学合理的教学模式和方法显得尤为重要。

本书对现代高校花式跳绳训练做了概述,分析了现代高校花式跳绳训练体系构建、现代高校花式跳绳训练方法等相关内容,梳理了现代高校花式跳绳训练的安全保障与损伤预防,并探讨了现代高校花式跳绳教学实践。希望本书能够为读者提供现代高校花式跳绳训练与教学研究方面的帮助。

本书在撰写的过程中,得到了许多专家、学者的帮助和指导,参考了大量的相关学术文献,在此表示真诚的感谢。本书内容系统全面,论述条理清晰、深入浅出,力求论述翔实,但是由于著者水平有限,书中难免会有疏漏之处,希望广大读者及时指正。

著　者

2024 年 10 月

目　录

第一章　现代高校花式跳绳训练概述

第一节　现代高校花式跳绳的基本理论

一、花式跳绳在高校体育中的地位

(一)花式跳绳在体育课程中的重要性

花式跳绳在高校体育教学中的重要地位日益凸显。作为一项集趣味性、艺术性和运动性于一体的新兴体育项目,花式跳绳以其独特的魅力吸引着越来越多的大学生积极参与。在高校体育课程体系中,开设花式跳绳课程已成为提升学生身心健康、培养终身体育习惯的重要途径。

从锻炼价值来看,花式跳绳是一项全身性的有氧运动,能够有效改善心肺功能,增强肌肉力量和耐力。与传统的跑步、游泳等项目相比,花式跳绳的运动负荷可控性更强,适合不同体质和运动基础的学生参与。同时,花式跳绳动作多样,难度梯度明显,学生可以根据自身条件选择合适的学习内容,以应对挑战。

从育人功能来看,花式跳绳蕴含着丰富的教育价值。在练习过程中,学生需要不断挑战自我、突破极限,这种磨砺有助于培养学生吃苦耐劳的品格和顽强拼搏的精神。花式跳绳又是一项讲求协调与默契的集体项目,学生通过与他人配合完成各种高难度动作能够提高团队意识和沟通协作能力,形成积极向上的行为习惯和体育道德。

从文化内涵来看,花式跳绳是一项融合了音乐、舞蹈等多种艺术元素的时尚运动。花样百出的动作设计既体现着现代活力与创造力,又传承着民族传统文化的精髓。通过学习花式跳绳,学生能够感受体育运动的多元魅力,提升审美情趣和人文素养,进而树立正确的审美观和价值观。这对于培养当代大学生的综合素质和促进其全面发展具有重要意义。

(二)学生参与度分析

从参与广度来看,花式跳绳在大学生群体中已经得到了较为普遍的认可。越来越多的学生意识到花式跳绳不仅是一项有益身心健康的体育运动,更是一种富有挑战性和创造性的艺术表现形式。在体育课堂上,学生积极尝试各种花式跳绳技巧,不断挑战自我极限;在课外时间,他们自发组织跳绳社团,开展形式多样的跳绳活动,享受运动的快乐。这种广泛参与的态势充分体现了花式跳绳运动在大学校园中的生命力和影响力。

从参与深度来看,部分学生对花式跳绳表现出了极大的热情和专注。他们刻苦训练基本功,钻研复杂的跳绳套路,在比赛中脱颖而出,展现出不凡的运动天赋和艺术才华。更可贵的是,这些学生在追求个人成长的同时,也积极承担起传播跳绳文化、指导跳绳初学者的责任,成为校园中推广花式跳绳运动的中坚力量。他们的身体力行激励着更多同学加入花式跳绳的行列中。

需要注意的是,学生参与花式跳绳运动的动机和需求是多样化的。有的学生是为了达到强身健体、缓解学习压力的目的,有的学生则是为了追求艺术表现、展示个性风采。因此,在组织教学和活动时,教师应充分尊重学生的个体差异,满足他们多元化的需求。例如,教师可以根据学生的运动基础和兴趣爱好,提供不同难度层次的跳绳教学内容;教师也可以组织各类跳绳比赛和展示活动,为学生搭建展示才华、交流切磋的平台。唯有如此,才能最大限度地调动学生参与花式跳绳运动的积极性,实现广度和深度的有机统一。

二、花式跳绳的基本构成要素

(一)绳索类型

目前,花式跳绳运动中常见的绳索类型主要包括速度绳、花式绳和表演绳三大类。速度绳通常采用细而轻的材质制成,如钢丝、尼龙等,其最大特点是灵活轻便、转速快,适用于快节奏的跳绳训练和竞技比赛。相比之下,花式绳在保证一定轻便性的同时,强调绳索的韧性和抗拉伸性能,以适应复杂的绳式变化和高难度动作,常见材质有聚氯乙烯(PVC)塑料、热塑性聚氨酯弹性体橡胶(TPU)等。表演绳则注重绳索的视觉效果和手感,多采用发光材料或独特编织工艺,以烘托跳绳演出的氛围。

(二)动作技巧

精湛的动作技巧不仅能够提升难度系数,赢得更高的裁判评分,更能够展现学生优美、流畅、富有创造力的动作表现,给观众留下深刻印象。因此,在现代高校花式跳绳训练中,教师和学生都必须高度重视动作技巧的学习与训练。

从生理学角度来看,动作技巧的形成与完善是一个循序渐进的过程。学生需要在不断的重复练习中逐步建立起正确的动作表象,并将其内化为牢固的动觉记忆。这一过程不仅需要大量的时间投入,更需要科学、系统的训练方法。教师应根据学生的身体条件、协调能力等因素,制订针对性的训练计划,合理安排训练强度和密度,引导学生循序渐进地掌握动作技巧。同时,教师还应该注重对学生心理素质的培养,增强其自信心和抗压能力,使其能够在比赛中稳定发挥。

从生物力学角度来看,高难度花式跳绳动作对学生的身体素质提出了更高要求。一方面,学生只有具备良好的柔韧性,才能完成高难度的腾空、翻转等动作;另一方面,学生只有具备较强的爆发力和速度,才能在短时间内完成快速、连贯的动作衔接。因此,在动作技巧训练的同时,教师还应该加强对学生身体素质的训练,提高其力量、速度、耐力、灵敏度等综合素质,为动作技巧的完善奠定坚实基础。

从美学角度来看,优美、流畅、富有创造力的动作表现是花式跳绳运动的魅力所在。学生不仅要追求动作的规范性和完成质量,更要注重动作的艺术表现力。这就要求学生在训练中不断探索动作的韵律感和节奏感,以身体语言表达内心情感,展现个人风格。同时,教师应该鼓励学生发挥创造力,在规定动作的基础上进行自主编排,创造出独具特色的动作组合,提升动作的艺术价值和观赏性。

(三)体能要求

首先,花式跳绳是一项高强度的有氧运动,需要良好的心肺功能支持。在快速跳绳的过程中,心率会显著提高,呼吸频率加快,身体需要源源不断地供氧以维持肌肉的运作。因此,具备优秀的心肺耐力是完成高质量花式跳绳动作的基础。

其次,花式跳绳对力量和爆发力也有很高的要求。无论是双摇跳、交叉跳,还是高难度的翻转跳,都需要下肢肌肉提供强大的力量支持。没有足够的腿部力量就难以完成高频率、大幅度的跳跃动作,更不用说在长时间的训练和比赛中保持稳定的表现。

再次,柔韧性在花式跳绳运动中也扮演着不可或缺的角色。许多高难度动作(如后空翻、劈叉跳等)对髋关节、脊柱和下肢的柔韧性有很高要求。学生需要通过刻苦的柔韧性训练,扩大关节的活动范围,提高肌肉的伸展能力,才能在比赛中自如地完成各种高难度动作。同时,良好的柔韧性还能有效预防运动损伤,降低肌肉、韧带拉伤的风险。

最后,协调性也是花式跳绳运动者必备的一项关键体能素质。花式跳绳不仅需要手脚高度协调,还要求运动者在快速跳绳的同时完成翻转、跳跃等复杂动作,对身体各部位的协调能力提出了很高要求。优秀的花式跳绳运动者能够在高速运转的绳索中准确地把握时机并调整身体各部位的位置,展现出高难度动作的流畅和美感。

三、花式跳绳的分类与特点

(一)单人花式跳绳

单人花式跳绳是一项富有挑战性和创造性的运动项目,它不仅能够提高学生的身体协调性和灵活性,更能培养其创新意识和艺术表现力。在单人花式跳绳训练中,学生需要根据音乐节奏和自身特点,设计并完成一系列富有创意和难度的跳绳动作。这一过程不仅能够锻炼学生的肢体协调能力,更能激发其想象力和创造力,使其在运动中感受到艺术的魅力。

从动作技巧的角度来看,单人花式跳绳涵盖多种类型的动作,如基本跳、交叉跳、后跳、侧跳等,每一种动作都有不同的难度等级和变化形式。学生需要在掌握基本动作的基础上,不断尝试更高难度的动作,如单摇跳、双摇跳、后空翻等,并将这些动作巧妙地串联起来,形成一套完整而富有艺术感的跳绳套路。在这一过程中,不仅能够全面提升学生的跳绳技能,更能培养其敢于挑战、勇于创新的品质。

从身体素质的角度来看,单人花式跳绳对学生的协调性、灵敏性、耐力等身体素质都提出了较高要求。为了完成高难度的跳绳动作,学生需要通过刻苦练习,不断增强下肢力量、核心力量以及身体协调性。同时,长时间的跳绳训练能够锻炼学生的心肺功能,提高其耐力水平。在不断挑战自我极限的过程中,学生能够真切地感受到运动带来的喜悦和成就感,增强自信心和毅力。

从审美教育的角度来看,单人花式跳绳蕴含着丰富的艺术元素,是一种将体育与艺术相结合的表现形式。在编排跳绳套路时,学生需要根据音乐旋律和节奏设计出富有美感和创意的动作,并通过肢体语言表达自己的情感和思想。这一过程不仅能够提高学生的音乐感知力和节奏感,更能培养其审美情趣和艺术修养。同时,优美而富有张力的跳绳动作也能给观众带来视觉享受,传递出青春活力和蓬勃朝气。

(二)双人花式跳绳

双人花式跳绳对学生的协调性、配合能力提出了更高要求。在双人花式跳绳中,两名学生需要同步跳跃,并在跳跃过程中完成各种技巧动作,如交叉、穿越、抛接等。这些动作不仅考验学生的身体控制能力,更考验他们之间的默契程度。只有两人步调一致、动作协调,才能完成高难度的技巧组合,呈现出优美、流畅的演绎效果。

从训练角度来看,双人花式跳绳对学生的身体素质提出了全面要求。首先,学生需要具备良好的心肺功能和耐力,以支撑长时间、高强度的跳跃运动。其次,学生需要具备灵敏的反应能力和精确的时间感,才能在高速跳跃中完成动作衔接和切换。再次,学生需要具备较强的上肢力量和稳定性,以完成抛接、交叉等技巧动作。最后,双人花式跳绳还要求学生具有良好的柔韧性和协调性,以完成高难度的舞蹈化动作。可以说,双人花式跳绳是一项全身性、综合性很强的运动项目,对学生的身体素质提出了较高要求。

从训练方法来看,双人花式跳绳需要科学、系统的训练计划。通常,教师会根据学生的身体条件、技术特点,制订针对性的训练方案。在基本功训练阶段,教师会着重增强学生的心肺功能、力量和柔韧性,为后续技术训练奠定基础。在技术训练阶段,教师会选取难度适中的技巧动作(如双摇跳、剪刀跳等)引导学生掌握基本动作要领,并逐步提高完成质量。在高级训练阶段,教师会增加动作难度,如720度大回环、双人后空翻等,提高学生的技术水平和表现力。在整个训练过程中,教师还会注重培养学生的心理素质,如专注力、自信心和抗压能力,以帮助其在比赛中发挥出最佳水平。

从比赛角度来看,双人花式跳绳融合了竞技性和艺术性。在比赛中,裁判通常会从完成质量、难度系数、艺术表现等方面对学生的表现进行评判。一套完美的双人花式跳绳表演需要学生在规定时间内完成一系列高难度动作,并在动作衔接、节奏把握上体现出较高的艺术性。优秀的双人花式跳绳选手不仅能展现高超的技巧,还能通过动作语言传递出情感,给观众留下深刻印象。在某种程度上,双人花式跳绳已经超越了单纯的体育竞技,成为一种融合体育与艺术的表演形式。

(三)团体花式跳绳

团体花式跳绳对参与者的团队意识、默契配合能力提出了更高要求。在团体花式跳绳中,通常由 4～12 名队员组成一个团队,利用长绳进行各种创新的跳跃动作和队形变换。队员们需要在旋转长绳的同时完成高难度的跳跃动作,如双摇、串绳、绕绳等,并通过队形变换展现整体视觉效果和艺术感染力。

团体花式跳绳不仅考验队员的个人跳绳技巧,更考验团队的协调配合能力。每一个动作的完成都需要队员之间的默契、精准配合,稍有差池就可能影响整个团队的表现。因此,在团体花式跳绳训练中,教师通常会采用分解教学法将复杂的动作分解为若干个简单的训练单元,让队员逐步掌握每一个动作要领,再逐步将动作连接起来,形成完整的表演套路。在这个过程中,队员不仅能够提高个人的跳绳技能,更能培养团队协作意识和集体荣誉感。

从训练效果来看,团体花式跳绳对学生身心健康的促进作用尤为突出。首先,长时间的跳绳训练能够有效提高学生的心肺功能和耐力水平,对心血管系统具有显著的保健作用。其次,团体花式跳绳需要学生在快速跳跃的同时完成高难度动作,对学生的协调性、灵敏性、力量等身体素质的提高具有综合性作用。最后,团体项目训练还能够培养学生的沟通表达能力、团队协作意识,对其社会适应能力的养成具有积极意义。

四、花式跳绳与现代健身理念的结合

(一)花式跳绳与有氧运动的结合

作为一种全身性的有氧运动,花式跳绳能够有效改善学生的心肺功能,增强学生的心血管系统的适应能力。在长时间、中等强度的跳绳过程中,学生的呼吸和心率会明显加快,肺部摄氧量显著提高,心肌收缩力增强,血液循环加快,从而促进机体氧代谢,提高心肺耐力。这不仅有助于预防高血压、冠心病等慢性疾病,更能增强学生的体质,为其健康成长奠定坚实基础。

同时,花式跳绳运动还能促进学生骨骼肌系统的发育。跳绳时,学生的下肢和脊柱都会受到一定的冲击力和压力刺激,这有助于增加骨密度,强化关节韧带和肌腱,增强肌肉的力量和爆发力。对于大学生而言,适度的花式跳绳运动可以有效促进其骨骼生长,预防骨质疏松等疾病。此外,花式跳绳的高度协调性也能提升学生的平衡能力、灵敏性和柔韧性,使其在日常生活和其他体育运动中更加机敏灵活。

从生理学角度看,有氧运动能够促进机体分泌 β-内啡肽等"快乐物质",给学生带来愉悦感和满足感。当学生沉浸于花式跳绳的乐趣中时,大脑中的多巴胺水平会显著提高,产生积极向上的情绪体验。这不仅能缓解学习压力,调节情绪,更能增强自信心和成就感。同时,在与他人互动、共同进步的过程中,学生的社交能力和团队意识也能得到锻炼。这些宝贵的情感体验将成为学生身心健康发展的重要支撑。

(二)花式跳绳与力量训练的结合

第一,系统性是力量训练的基本特征。花式跳绳运动几乎涉及全身各大肌肉群的协同工作,因此力量训练必须遵循全面发展的原则,兼顾上肢、下肢、核心等不同部位的肌肉训练。同时,力量训练还应体现针对性和专项性的特点。教师需要深入分析花式跳绳运动的技术特点和肌肉动员模式,有的放矢地安排力量训练内容,突出对关键肌群和薄弱环节的强化。只有在系统训练的基础上突出专项针对性,才能最大限度地发挥力量训练的效果,为学生的技术提高提供有力支持。

第二,力量训练与花式跳绳技术训练的紧密结合是提高训练效率的关键。在训练实践中,教师应该引导学生建立起力量训练与专项技术之间的内在联系,加强二者的深度融合。一方面,可以将力量训练项目与花式跳绳基本动作相结合,在增强肌肉力量的同时,巩固和完善动作技术;另一方面,要善于利用专项器械,模拟花式跳绳运动中的力量需求,提高力量训练的专项性和实战性。通过创设接近比赛的力量需求环境,学生不仅能掌握正确的发力方法和动作技巧,更能提升身体对抗疲劳、使爆发力持续等方面的专项能力。

(三)花式跳绳与柔韧性训练的结合

柔韧性训练是花式跳绳项目不可或缺的重要组成部分。它不仅能够有效预防运动损伤,增强运动表现效果,更是塑造优美体态、展现艺术美感的关键所在。在现代高校花式跳绳训练中,教师应当充分认识到柔韧性训练的重要价值,并积极探索科学有效的训练方法,将其与花式跳绳技术训练有机结合,实现学生身心全面发展的目标。

从生理学角度来看,良好的柔韧性是完成高难度花式跳绳动作的基础。花式跳绳运动对学生的关节活动范围、肌肉与韧带的伸展性等方面都提出了较高要求。一方面,动作编排通常囊括多个人体关节,涉及躯干、四肢等不同部位,需要在更大范围内自如伸展;另一方面,高强度的跳跃和旋转动作也对下肢关节，特别是踝关节和膝关节的灵活性和稳定性提出了挑战。柔韧性不足不仅会影响动作完成的准确性和美观性，还可能导致运动损伤的发生。相比之下，柔韧性水平越高，完成高难度动作的能力就越强，动作的舒展度和艺术表现力也就越高。

从美学角度来看，柔韧性是花式跳绳运动的审美基础。优美的体态、舒展的线条是花式跳绳运动的重要审美特征。无论是徒手花式跳绳，还是集体花式跳绳，选手在运动中展现的身体柔韧性往往能够最大限度地吸引观众的目光，赢得裁判和观众的青睐。优秀的花式跳绳选手不仅要具备高超的跳绳技巧，还要塑造优美的体态，呈现出令人赏心悦目的视觉艺术效果。这就要求学生在日常训练中高度重视柔韧性训练，通过拉伸、压腿、踢腿等针对性练习不断提高身体的柔韧程度，以更加优雅、从容的姿态展现花式跳绳的独特魅力。

那么，在高校花式跳绳训练中，如何将柔韧性训练与技术训练更好地结合起来呢？首先，教师应当根据学生的身体条件和训练水平，制订科学合理的柔韧性训练计划。通过评估学生的关节活动度、肌肉伸展性等指标，有针对性地选择拉伸动作和训练方法，并合理把控训练强度和频率，遵循循序渐进、因材施教的原则。其次，教师应当加强柔韧性训练与技术训练的融合，将拉伸练习融入跳绳动作的学习和练习中。例如，可以在热身环节设计一些模仿跳绳动作的拉伸动作，帮助学生在提高柔韧性的同时，加深对动作技术的体验和理解。最后，可以针对容易受伤的关节部位，如脚踝、膝盖等，进行重点强化拉伸，提高稳定性和控制能力，为动作完成奠定坚实基础。

此外，教师还应当注重培养学生的柔韧性训练意识，引导其树立终身锻炼的观念。良好的柔韧性不是一朝一夕就能练成的，需要学生在日常生活中坚持不懈地进行拉伸锻炼。教师可以传授一些简单易行的拉伸动作，鼓励学生利用课余时间进行练习，如课间操、课后训练等。同时，教师还可以创设情境，开展以柔韧性为主题的体验式学习活动，如柔韧性训练沙龙、瑜伽体验课等，在轻松愉悦的氛围中引导学生感受柔韧性训练的乐趣，提高自主锻炼的积极性。

第二节　现代高校花式跳绳的训练原则

一、科学性原则

(一)制订训练计划

一份精心设计、切合实际的训练计划能够有效指导训练工作的开展,确保训练目标的达成。制订训练计划首先需要全面分析影响训练效果的各种因素,如学生的身体条件、技术特点、心理状态等内部因素,以及场地器材、天气状况、赛程安排等外部因素。只有在充分了解这些因素的基础上,才能制订出针对性强、可操作性高的训练计划。

制订训练计划还应遵循科学训练的基本原则。渐进性原则要求训练计划合理安排训练强度和难度,循序渐进地提高学生的身体素质和技术水平,避免由强度过大或进展过快引发运动损伤。全面性原则要求训练计划兼顾体能、技术、心理等各方面因素,促进学生的全面发展。个性化原则则强调根据学生的个体差异量身定制适合其特点的训练方案,最大限度地发挥每个人的潜能。只有坚持这些科学原则,才能制订出高质量的训练计划。

制订训练计划还应充分吸收现代运动训练理论和方法的最新成果。随着运动生理学、心理学、生物力学等学科的快速发展,越来越多的科学理论被应用到运动训练实践中,极大地促进了训练水平的提升。高校花式跳绳教师应主动学习这些先进理念,将其融入训练计划的制订过程。例如,通过科学的体能测试和评估,准确把握学生的身体机能状态,在此基础上合理安排训练负荷;又如,运用心理学技术,加强学生的心理辅导和调节,增强其自信心和抗压能力。唯有与时俱进,不断更新知识和理念,才能设计出符合现代训练规律的高水平训练计划。

(二)数据驱动评估

数据驱动评估更加客观、精准,能够为教师和学生提供翔实、可靠的反馈信息。通过收集和分析训练过程中的各项数据,教师可以全面掌握学生的身体状况、技术水平和心理状态,从而制订出更加科学、有针对性的训练计划。

在数据驱动评估中,制订训练计划是第一步。教师需要根据学生的个人特点、训练目标和比赛计划,设计出切实可行、循序渐进的训练方案。这一过程离不开数据的支撑。通过对学生过去训练和比赛数据的挖掘分析,教师可以找出其优势和不足,确定训练的重点和难点。同时,数据分析还能揭示不同训练方法的效果差异,帮助教师筛选出最优的训练手段和组合。例如,通过对学生的心率变化、乳酸水平、肌肉活动等生理数据进行监测和对比,教师可以准确把握其身体负荷和恢复状态,从而合理安排训练强度和频率。

数据驱动评估在训练实施阶段同样发挥着关键作用。利用先进的数据采集设备和分析软件,教师可以实时跟踪学生的训练表现,获取大量客观、精准的数据。这些数据涵盖了学生训练的方方面面,包括动作技术、身体素质、战术应用、心理状态等。通过可视化的数据呈现,教师能够直观地发现学生存在的问题和不足,并给出针对性的指导和反馈。例如,利用高速摄像和动作捕捉技术,教师可以详细分析学生的跳绳动作,找出其中的缺陷和失误,并给出相应的纠正方案;又如,通过心理测评和情绪监测,教师可以及时发现学生的心理波动和压力变化,从而采取有效的心理干预措施。

数据驱动评估在训练总结和反思阶段同样不可或缺。通过系统梳理和综合分析训练数据,教师可以客观评估训练效果,总结经验教训。这不仅有助于优化未来的训练计划,也为学生的成长提供了反馈和指引。例如,通过对比分析不同训练周期的数据,教师可以判断出哪些训练手段和方法更有成效,值得继续推广和应用;哪些环节还存在不足,需要进一步改进和完善。学生也可以通过回顾自己的训练数据客观认识自身的长进和短板,调整心态,明确努力方向。

(三)科学的训练方法

在制订训练计划时,教师应该立足学生的个体差异,因材施教,制订针对性的训练方案。通过系统的体能测试和运动能力评估,全面了解每个学生的优势和不足,有的放矢地安排训练内容和强度。对于基础薄弱的学生,应该重点加强基本功训练,打牢运动技能基础;对于具备一定专项能力的学生,可以适当提高训练难度,着力提升动作的完成质量和艺术表现力。这种因材施教的训练方法,不仅能够最大限度地发挥每个学生的潜能,也利于保证其训练积极性,促进训练效果的稳步提升。

在训练过程中,数据分析技术的运用也至关重要。现代信息技术的飞速发展为花式跳绳训练提供了全新的技术支撑。通过对学生的身体各项指标进行监测和分析,教师能够准确掌握其训练状态和运动负荷,及时调整训练计划,防患于未然。例如,利用智能穿戴设备采集学生的心率、血氧、呼吸频率等生理数据,通过数据可视化手段直观展示其体能状况变化,为制订科学的训练计划提供可靠依据;又如,运用动作捕捉技术对学生的跳绳动作进行三维建模和分析,精准诊断其技术动作中存在的问题,并提供有针对性的改进建议。这些现代化的训练辅助手段极大地提高了训练的科学性和精准性,为花式跳绳运动的发展注入了新的活力。

在追求竞技水平提升的同时,花式跳绳训练更应该重视运动损伤的预防。高强度、高难度的专项训练不可避免地会给学生的身体带来巨大负荷,尤其是下肢关节和肌肉群,极易出现慢性劳损和急性损伤。因此,在日常训练中,教师要加强运动医学和康复训练的指导,引导学生掌握科学的训练和放松方法。通过合理的力量训练增强骨骼肌功能,提高关节稳定性;利用柔韧性练习改善肌肉和韧带的伸展能力,预防肌肉和韧带的拉伤;同时,还要注重赛后和训练间歇期的身体恢复,通过物理疗法等方式最大限度地消除运动疲劳,让身体得到充分休整。只有科学训练和积极保护双管齐下,才能保障学生的身体健康,为追求更高的竞技目标奠定坚实基础。

二、系统性原则

(一)全面训练方案

在体能训练方面,教师应根据花式跳绳学生的年龄特点和身体条件合理安排有氧耐力、无氧耐力、力量、速度等体能素质的训练。通过长跑、间歇跑、力量训练等手段增强学生的心肺功能、肌肉力量和爆发力,为完成高难度动作奠定基础。同时,体能训练还要注意与技术训练相结合,在提高学生身体素质的同时巩固和完善动作技术。

技术训练是花式跳绳训练的核心内容。教师应在掌握学生技术水平的基础上有针对性地安排技术训练内容。对于初学者,要重点培养其基本跳绳技能,如正确的跳绳姿势、稳定的节奏感、连续跳绳的耐力等。对于技术水平较高的学生,则要着重攻克高难度动作,如双摇跳、后空翻、倒立等。在技术训练中,教师要特别关注学生跳绳动作的规范性和艺术性,引导学生在掌握动作要领的同时追求动作的美感和表现力。

心理训练是花式跳绳训练中不可忽视的一环。在比赛中,学生往往面临着巨大的心理压力。紧张、焦虑等负面情绪会严重影响学生发挥,甚至导致失误频出。因此,教师要通过心理辅导、模拟比赛等方式增强学生的抗压能力和自信心。同时,还要培养学生良好的意志品质,如顽强拼搏的精神、永不言败的斗志,激发其战胜困难的勇气和决心。

(二)阶段性目标设定

面对复杂多变的训练环境和学生个体差异,教师需要根据总体培养目标,结合学生实际水平,合理规划训练进程,制定科学、可行的阶段性目标。这既是保证训练有序开展的前提,也是调动学生积极性、提升训练效果的关键。

阶段性目标设定应遵循循序渐进、由易到难的基本原则。花式跳绳技术动作种类繁多,难度等级各异。如果一味追求高难度动作,忽视学生的接受能力和运动基础,不仅难以取得预期效果,还可能打击学生自信心,甚至引发运动损伤。因此,教师应在全面评估学生能力的基础上,根据训练周期将最终目标分解为若干阶段性目标。每一个阶段都应选择与学生水平相适应、难度适中的技术动作作为重点训练内容,引导学生在原有基础上不断积累、提高。通过一个个小目标的达成,学生能够真切感受到自身的进步,从而保持学习动力,最终实现总体训练目标。

阶段性目标设定还应注重目标的具体化和可评估性。模糊、笼统的目标不仅难以指导训练实践,也无法准确评判训练效果。因此,每个阶段的目标都应具有明确的行为标准,如"完成 20 个双摇跳""控制单摇跳高度在 1 米以上"等。这些目标不仅能够让学生明确努力方向,也为教师的指导和反馈提供了客观依据。同时,通过阶段性测试和评估,教师可以及时了解学生的进步情况,调整训练计划,保证训练工作规范有序地进行。

(三)训练内容整合

一个全面的花式跳绳训练方案应当涵盖体能训练、基本功训练、动作技术训练、难度动作训练等多个方面。这些内容虽各有侧重,但都以提高学生花式跳绳竞技水平为最终目标,因此必须通盘考虑、科学整合。

体能训练是花式跳绳训练的基础。学生只有具备良好的速度、力量、耐力、灵敏、协调等身体素质,才能更好地完成高难度动作,并在比赛中出色发挥。因此,体能训练要贯穿花式跳绳训练的全过程,并根据学生的个体差异和项目特点进行针对性设计。教师要合理安排有氧与无氧训练、力量与速度训练的比例,并随着训练的深入逐步提高其负荷和密度。

基本功训练是掌握花式跳绳动作技术的前提。空摆、原地纵跳、交叉跳、开跳等基本功动作是组成复杂花式跳绳动作的基本单元。打好基本功基础,有助于学生在后续训练中更快地掌握新动作,并使动作更具规范性和美观性。基本功训练要遵循循序渐进的原则,从易到难,反复练习,直至形成牢固的肌肉记忆。同时,要重视基本功动作与竞赛动作的衔接,为今后的技能提高打下坚实基础。

动作技术训练是提高专项成绩的关键环节。花式跳绳运动有单人绳、双人绳、集体绳等多个项目,每个项目都包含几十个甚至上百个难度动作。教师要根据学生的专项特点有选择地开展动作技术训练。一方面,要针对学生的薄弱环节加强对相关动作的训练;另一方面,要发掘学生的专项优势,突出个人特色。在训练过程中,教师要善于利用跳绳器材(如不同长度和材质的跳绳)来帮助学生掌握动作技巧。同时,要注重动作技术的细节,如身体姿态、用力方向、节奏把握等,提高完成质量。

难度动作训练是花式跳绳训练的核心内容。随着竞技水平的不断提高,难度动作在比赛中的比重越来越大。能否完成高难度动作,直接关系到学生能否在比赛中脱颖而出。针对难度动作训练,教师要因材施教,根据学生的身体条件和专项特点选择适宜的难度动作。对于创新性难度动作,要给予学生更多的尝试机会和时间,鼓励其敢于突破自我。在训练过程中,要采取循序渐进、由易到难的方法,将难度动作分解为若干个简单动作进行练习,并逐步过渡到完整动作。此外,还要重视难度动作与基本功、套路的结合,提高动作完成的连贯性和稳定性。

三、个性化原则

(一)个体差异分析

每个学生都是独特的个体,在身体素质、运动基础、学习能力等方面存在着天然的差异。这种差异性使得"一刀切"的训练模式难以适应所有学生的需求,容易导致训练效果参差不齐。因此,在花式跳绳训练中,教师必须充分考虑学生的个体差异,采取针对性的训练策略,才能最大限度地激发每个学生的潜能。

要开展个性化的花式跳绳训练,需要先对学生进行全面的评估。通过体能测试、技术测试、心理测评等多种手段,教师可以客观地了解每个学生的优势和不足,掌握其身体素质、运动基础、心理特点等关键信息。在此基础上,教师才能因材施教,制订出符合学生实际情况的个性化训练计划。例如:对于身体素质较好但协调性稍差的学生,教师可以重点加强其协调性训练;而对于身体素质一般但悟性较高的学生,教师则可以通过示范引导、重复练习等方式帮助其尽快掌握动作要领。

个性化训练的关键在于因材施教,根据每个学生的特点采取不同的训练方法。对于基础薄弱的学生,教师应该从简单的动作开始,循序渐进地提高难度,让其在成功体验中建立自信;对于进步较快的学生,教师则可以适当增加训练强度,鼓励其挑战更高难度的动作,不断挖掘潜力。在训练过程中,教师还要注重与学生的沟通互动,及时给予鼓励和反馈,帮助学生克服困难、调整状态,保持良好的训练状态。

个性化训练不仅要关注学生的运动技能,更要注重其心理素质的培养。花式跳绳是一项高难度、高风险的运动项目,对学生的意志品质和心理承受能力提出了较高要求。因此,教师在训练中要加强心理辅导,帮助学生建立自信心和提高抗压能力。通过设定合理的目标、营造良好的团队氛围、适时给予鼓励等方式,教师可以激发学生的训练动力,培养学生形成吃苦耐劳、迎难而上的品格。同时,面对比赛的压力,教师更要做好学生的心理疏导工作,缓解学生的紧张情绪,调动其最佳状态,以饱满的热情投入比赛。

(二)量身定制训练

对学生进行全面系统的评估,不仅包括对学生身体素质(如柔韧性、协调性、力量等)的测试,还要了解学生的运动基础、学习态度、心理特征等。通过收集这些信息,教师可以更加准确地把握学生的优势和不足,从而有针对性地调整训练内容和方法。例如:对于柔韧性较好的学生,教师可以适当增加一些难度更高的动作;而对于力量较弱的学生,则需要通过力量训练来夯实基础。

在训练过程中,教师还应该根据学生的反馈及时调整方案。每个学生对训练的响应都是不同的,有的学生进步快,有的学生则需要更多时间和耐心。教师要充分尊重这些差异,不能"一刀切"地要求所有学生达到同样的标准。相反,应该根据学生的实际情况,为他们设定个性化的阶段性目标。当学生达成目标时,要及时给予肯定和鼓励;当学生遇到困难时,要耐心地给予指导和帮助。唯有如此,才能调动学生的积极性,维持其训练动力。

个性化的训练方案不仅要考虑学生的运动能力,还要关注其心理状态。花式跳绳是一项高难度的运动项目,学生在训练过程中难免会遇到挫折和困惑。如果这些情绪得不到及时疏导,很可能会影响学生的训练效果,甚至导致其放弃训练。因此,教师要充分发挥自己的引导作用,与学生沟通交流,了解他们的想法,帮助他们建立自信,克服心理障碍。必要时,还可以邀请心理学专业人士介入,为学生提供专业的心理辅导。

(三)反馈与调整

教师应该积极倾听学生的反馈意见。在日常训练中,学生对训练强度、难度、节奏等方面最有发言权。他们的身心感受是判断训练是否科学合理的重要依据。教师要学会换位思考,站在学生的角度去理解他们的想法,而不是简单地发号施令。只有训练计划被学生真正认可并接受,才能调动其积极性,达到事半功倍的效果。

教师要及时对学生的反馈做出回应。如果学生提出训练过于枯燥乏味,教师就要考虑增加趣味性元素;如果学生反映动作掌握困难,教师就要耐心讲解、示范要领;如果学生表示身体不适,教师就要酌情调整运动负荷。这种积极回应不仅能优化训练效果,更能增进彼此信任,营造和谐融洽的师生关系。

学生也要主动与教师沟通。在花式跳绳运动中,一味"忍"是不可取的。当出现身体不适、产生抵触情绪时,学生要及时向教师反映,而不是默默承受。同时,学生也要虚心接受教师指导,认真吸收教师的建设性意见。双向互动、平等交流是培养默契配合的必由之路。

四、循序渐进原则

(一)训练强度递增

合理设置并逐步提高训练强度对于提升学生的身体素质和技术水平具有关键作用。训练强度过低,难以达到足够的生理刺激,学生的机体得不到应有的适应性改变;而训练强度过高,又可能导致学生出现过度疲劳、损伤等不良反应,影响训练效果和比赛表现。因此,科学把握训练强度的变化规律对于花式跳绳训练的成败至关重要。

训练强度递增应遵循循序渐进的原则,既要考虑学生的身体承受能力,也要体现训练计划的阶段性特点。通常情况下,在训练周期的前期,教师会安排较低强度的训练,以帮助学生巩固基本功,提高身体素质。在这一阶段,训练强度的提升以每周10%左右为宜,这既能够维持学生机体的积极适应,又不至于造成过大的生理负荷。随着训练的深入,学生的身体机能不断提高,技术动作日趋熟练,训练强度也应随之逐步增大。这时,教师可以采用周期性递增的方式,即在保持一定训练量的基础上,每隔4～6周提高一次强度,幅度为15%～20%。这种渐进式的递增模式既能够给予学生一定的缓冲期,又能持续刺激其机体,不断突破原有的生理极限。

在实践中,训练强度的递增还应根据不同的训练目标和训练方法来调整。例如:在力量训练时,可以通过增加负重、减少组间休息时间等方式来实现强度递增;在耐力训练时,则可以通过延长运动时间、缩短恢复时间等手段来取得类似的效果。此外,对于一些高难度、高风险的技术动作,训练强度的递增应更加谨慎,宜采取小幅度、多次数的渐进方式,以保证学生的安全和心理接受度。总之,训练强度递增的方式方法是多种多样的,关键在于把握规律,因材施教,在确保安全的前提下,最大限度地发挥学生的潜能。

(二)技术难度逐步提升

技术难度设置应遵循由易到难、由简单到复杂的基本原则。在初级阶段,教师应选择一些基本的跳绳技巧,如单摇跳、交叉跳、开合跳等,帮助学生掌握正确的跳绳姿势和节奏感。这些基础性的练习虽然难度不大,但对于培养学生的协调性、灵活性和耐力具有重要意义。只有打好基础,才能为后续更高难度技术动作的学习奠定坚实基础。

随着学生跳绳能力的提高,教师应及时引入难度更大的技术动作,如双摇跳、后跨跳、侧翻跳等。这些动作对学生的协调性、平衡性和控制力提出了更高要求,需要学生经过较长时间的反复练习才能掌握。教师应针对不同学生的特点,因材施教,提供个性化的指导和帮助。对于基础较好的学生,可以适当增加练习强度和难度,激励其挑战自我、追求卓越;对于基础较弱的学生,则应给予更多鼓励和支持,帮助其克服困难、建立自信。

在提高单项技术难度的同时,教师还应注重动作的连接与组合。花式跳绳讲究动作的流畅性和艺术性,掌握单一动作只是基础,更高层次的目标是实现动作之间的顺畅衔接和完美组合。教师应精心编排动作序列,引导学生探索动作之间的过渡方法,鼓励其发挥创造力,设计出独具特色的跳绳套路。动作连接与组合的练习不仅能够提高学生的协调性和节奏感,还能培养其艺术审美能力和创新意识。

(三)阶段性成果评估

建立科学的评估指标体系是开展阶段性成果评估的基础。评估指标设计应该全面考虑花式跳绳运动的特点和规律,既要重视学生的身体素质、技术水平等硬指标,也要关注其心理素质、意志品质等软指标。同时,指标体系还应该具有层次性和系统性:既包括总体目标,又涵盖阶段性任务;既有定量评价,又有定性分析。只有建立起完善的评估指标体系,才能真正实现阶段性成果评估的科学化、规范化、系统化。

创新评估方式方法是提高阶段性成果评估针对性和有效性的关键。传统的评估方式往往以教师的主观评判为主,容易受到个人经验、偏好等因素的影响,评估结果的客观性、公正性难以得到保证。因此,在开展阶段性成果评估时,应该积极引入现代信息技术手段,运用动作分析软件、心率监测仪等设备,收集学生在训练过程中的客观数据,辅助进行科学分析和评估。同时,在评估过程中还应重视教师、学生、体能师等多方主体的参与,通过座谈、问卷、访谈等形式广泛听取意见,进行全方位、多角度的评估,提高评估结果的针对性和有效性。

加强评估结果应用是发挥阶段性成果评估作用的必然要求。阶段性成果评估的价值不仅在于评判训练效果,更在于指导后续训练实践。教师要高度重视评估结果,深入分析学生在体能、技术、心理等方面存在的突出问题,研究制定针对性的训练策略和措施。对于取得优异成绩的学生,要给予充分肯定和表扬,增强其自信心和荣誉感;对于暂时进步缓慢的学生,则要给予更多鼓励和帮助,帮助其克服困难,尽快提升竞技水平。只有切实加强评估结果应用,才能真正发挥阶段性成果评估的导向作用,推动花式跳绳训练水平的不断提升。

第二章 现代高校花式跳绳训练体系构建

第一节 现代高校花式跳绳训练器材与装备

一、跳绳选择与保养方法

(一)跳绳材质选择

选择跳绳材质看似简单,却对花式跳绳训练有巨大的影响,它直接关系到训练的效果和安全性。在众多跳绳材质中,钢丝、尼龙、PVC 和皮革是最常见的选择。每种材质都有其独特的优缺点,需要根据训练目的、场地条件、个人习惯等因素进行综合考量。

钢丝跳绳以耐用性和速度感著称,通常采用优质钢丝编织而成,表面光滑,重量适中,能够快速旋转,适合高强度、高速度的训练。钢丝跳绳还具有较好的形状保持性,不易变形,即使长时间使用也能保持稳定的旋转效果。然而,钢丝跳绳的缺点也比较明显,相对较硬,甩落时容易损坏地面,对场地要求较高。同时,钢丝跳绳的回弹力较小,如果操作不当,容易增加腕部和脚踝的负担。

尼龙跳绳以轻盈、柔软的特点赢得了广泛好评。尼龙跳绳重量轻,手感舒适,适合长时间训练。尼龙材质还具有良好的耐磨性和抗拉伸性,不易断裂或变形。相较于钢丝跳绳,尼龙跳绳对场地的要求较低,即使在水泥地或木地板上使用也不会造成明显损伤。不过,尼龙跳绳的速度感稍逊于钢丝跳绳,旋转时的阻力较大,不太适合高速花式跳绳动作的练习。

PVC 跳绳兼具轻盈和耐用的特点,采用 PVC 材料制成,表面光滑,色彩丰富,美观大方。PVC 跳绳重量适中,旋转速度快,适合各种难度的跳绳动作训练。同时,PVC 材质也具有良好的耐磨性和抗老化性,即使在户外使用也能保持较长的使用寿命。不过,相较于尼龙跳绳,PVC 跳绳的柔韧性稍差,手感略显僵硬,长时间使用可能会带来一定的不适感。

皮革跳绳有复古的外观和卓越的手感,通常采用优质牛皮或羊皮制成,表面柔软,触感舒适。皮革跳绳具有较好的吸汗性和透气性,即使在使用者大量出汗的情况下也能保持良好的握感。皮革跳绳还具有独特的观赏价值,彰显出一种复古优雅的气质。然而,皮革跳绳的速度感和耐用性都较为一般,不太适合高强度、高频率的训练。同时,皮革材质也需要定期保养,避免受潮或霉变。

(二)跳绳长度调整

一般来说,跳绳的长度应与使用者的身高相匹配。选择过长的绳子会导致绳速过慢,影响跳跃节奏;而过短的绳子则容易绊脚,增加受伤风险。

在调整跳绳长度时,应该先将绳柄握在手中,绳子的中点踩在脚下。如果绳柄末端高度正好达到腋下高度,说明绳长适中;如果远超过腋下高度,就需要将多余的绳子缠绕在手柄上,直到长度合适;如果低于腋下高度,就需要松开部分缠绕的绳子。

值得注意的是,不同的花样跳绳技法对绳长也有不同要求。例如,在练习双摇跳时,绳子通常要比单摇跳时稍微长一些,以保证绳子能完全越过头顶和脚底。而在练习交叉跳时,绳子则要比正常跳略短,以免绳子松弛导致节奏混乱。

(三)跳绳保养技巧

跳绳的保养是延长跳绳使用寿命、确保训练安全的关键。一根质量上乘、保养得当的跳绳能够陪伴学生完成无数次的跃动,而不精心保养则可能导致跳绳损坏、训练中断,甚至造成安全隐患。因此,掌握并养成良好的跳绳保养习惯是每一位花式跳绳学生必须修炼的基本功。

跳绳的保养包括清洁、存储和定期检查三个方面。

首先,在每次使用后,都应该用干净的毛巾或布料将跳绳表面的汗渍、灰尘擦拭干净。这不仅能够保持跳绳的美观,更重要的是防止汗液、尘土对绳材的腐蚀与磨损。擦拭要轻柔、仔细,避免大力摩擦损伤绳体。

其次,跳绳的存储也大有学问。最佳的做法是将跳绳自然放直,置于阴凉通风处。这样能够防止跳绳受潮、发霉,也能够避免跳绳长期弯折导致绳芯断裂。很多学生为了节省空间,会将跳绳盘绕在器材架或其他物体上,殊不知这样做会大大缩短跳绳的使用寿命。

最后,定期对跳绳进行检查也非常必要。每隔一段时间都应该仔细检查跳绳是否出现磨损、绳芯外露等问题。一旦发现绳体完整性受损,要及时更换,以免发生断绳等意外。对于磨损严重的塑料包覆,可以考虑使用专用的修复液进行黏合,延长跳绳的使用寿命。

二、辅助训练器材的种类与应用

(一)助力带的使用

在花式跳绳训练中,助力带能够帮助初学者更快地掌握基本跳绳技巧,也可以为有一定基础的跳绳学生提供更多的训练选择。助力带的使用不仅能够提高跳绳的效率和质量,更能够增强跳绳的趣味性和挑战性。

助力带的基本原理是利用弹性材料产生的张力为跳绳者提供一定的辅助力。当人体向上跳起时,助力带会产生拉力,帮助其更轻松地完成跳跃动作;而当人体下落时,助力带则会释放张力,减缓下落速度,使动作更加柔和、平稳。这种辅助力的作用不仅能够减轻学生的体力消耗,更能够帮助其集中精力于动作的规范性和协调性,从而使其更快地掌握跳绳技巧。

对于初学者来说,使用助力带可以有效地克服跳绳过程中的困难和障碍。许多初学者在学习跳绳时,都会遇到诸如跳跃高度不够、节奏把握不准、容易绊绳等问题。这些问题往往源于力量、协调性和节奏感的欠缺,助力带恰恰能够在这些方面给予初学者帮助和支持。借助助力带提供的辅助力,初学者能够更轻松地完成跳跃动作,不必过多担心高度和落地的问题。同时,助力带能够引导初学者建立正确的节奏感,避免出现节奏混乱、绊绳等问题。在助力带的帮助下,初学者能够更快地找到跳绳的感觉,建立起自信心和成就感,为后续的技能进阶打下良好基础。

对于有一定跳绳基础的学生来说,使用助力带则可以为训练提供更多可能性和挑战性。借助助力带的弹力,学生能够尝试更高难度的跳跃动作,如单摇跳、交叉跳、后翻跳等。这些动作对力量、协调性和灵敏性都有较高要求,单凭自身能力可能难以完成。但是,在助力带的辅助下,学生能够克服力量和高度的限制,更加专注于动作的技巧性和艺术性。通过反复练习,学生不仅能够掌握更高难度的花式跳绳技巧,还能够发展出独特的风格和创造力。助力带为跳绳学生提供了一个探索和突破自我的平台,让跳绳运动变得更加多元化和个性化。

(二)训练垫的选择

作为训练器材的重要组成部分,训练垫直接影响学生的训练效果和身体健康。一块合适的训练垫不仅能够有效吸收跳绳运动中产生的冲击力,保护学生的关节和骨骼,还能提供良好的回弹力,增强学生的弹跳能力。因此,选择一块性能优良、品质上乘的训练垫对于提升花式跳绳训练水平、预防运动损伤具有重要意义。

在选择训练垫时,需要考虑多方面因素。首先,训练垫的材质是关键所在。一般来说,乙烯-醋酸乙烯共聚物(EVA)和PVC是制作训练垫的常见材料。相比之下,EVA材质的训练垫具有更好的弹性和缓冲性能,能够有效减轻学生膝关节和踝关节的负担。而PVC材质的训练垫则以其良好的防滑性能和耐磨性能见长,能够满足高强度训练的需求。其次,训练垫的厚度也是一个需要权衡的因素。过薄的训练垫缓冲效果欠佳,难以有效吸收冲击力;而过厚的训练垫又会影响学生的动作灵敏性和协调性。通常情况下,5～10厘米厚度的训练垫是比较合适的选择。最后,训练垫的大小也需要根据实际情况来确定。一般而言,长3米、宽1米的训练垫能够满足单人训练的需求;而对于团体训练或比赛来说,更大尺寸的训练垫则是必不可少的。

除了上述基本要求之外,在选择训练垫时还需要关注一些其他细节。例如:训练垫表面的纹理设计能否提供良好的防滑效果,学生在训练时是否能保持稳定;训练垫的边缘是否平整光滑,能否有效避免磨损和撕裂;训练垫的环保性能如何,是否含有对人体有害的物质;等等。唯有全面考虑、细致入微,才能选择出一块真正优质的训练垫。

(三)计数器的应用

跳绳运动的训练效果与跳跃次数密切相关,而人工计数不仅效率低下,还容易出错。引入计数器能够准确记录跳跃次数,帮助教师和学生及时了解训练量,科学安排训练计划。同时,计数器还能为学生提供即时反馈,使其能够直观地看到自己的进步,增强训练的成就感和自信心。

跳绳动作的规范性直接影响训练效果和比赛表现。计数器可以精确记录跳绳过程中的失误次数,如绊绳、停顿等,为学生提供客观的评估依据。教师可以根据计数器的数据及时发现学生动作中的问题,给予针对性指导。长期使用计数器进行训练,学生能够不断优化动作,提高动作的连贯性和规范性。这不仅有助于预防运动损伤,更能为高难度动作的学习奠定基础。

节奏感是花式跳绳的灵魂所在。优秀的花式跳绳学生能够精准把握动作节奏,展现出高度的协调性和艺术性。计数器可以帮助学生建立规律的跳绳节奏,养成稳定的跳绳频率。一些智能计数器还具备音乐节拍功能,学生可以根据音乐节奏调整跳绳速度,提高动作的韵律感。在团体花样跳绳项目中,队员之间的节奏同步至关重要。使用计数器进行分组训练能够使队员逐步形成默契的配合,提升整体表现的和谐性和艺术感染力。

计数器在花式跳绳训练中的应用还能够激发学生的学习兴趣,营造良性的竞争氛围。一些计数器设有计时功能,学生可以通过计时模式挑战自我,不断刷新个人纪录。教师还可以组织"一分钟跳绳挑战赛"等趣味活动,鼓励学生使用计数器展开比拼。在这种游戏化的训练模式中,学生往往能迸发出惊人的潜力,在收获乐趣的同时也能达成理想的训练效果。

三、训练装备的搭配与穿戴建议

(一)运动鞋的选择

运动鞋的性能影响着学生的发挥,优质的运动鞋能够提高训练质量,而不合适的运动鞋则可能引发各种问题,如脚部不适、运动损伤等。因此,教师和学生都应高度重视运动鞋的选择,根据花式跳绳运动的特点和个人需求,选择性能优异、舒适合脚的运动鞋。

花式跳绳运动需要频繁快速地跳跃,这对运动鞋的缓震性能提出了较高要求。一双优质的运动鞋应具备出色的缓震能力,能够有效吸收跳跃时产生的冲击力,保护学生的膝关节、踝关节和足底。常见的缓震材料包括 EVA、TPU 等,它们在鞋底和鞋跟位置的巧妙应用能够显著提升鞋子的减震效果。鞋底的弹性也不容忽视,适度的回弹力能够提高学生的跳跃高度和速度,带来更好的运动体验。

除了缓震性能,运动鞋的支撑性和稳定性也至关重要。花式跳绳运动需要精准而敏捷的步伐变化,这对鞋子的支撑和稳定提出了挑战。优质的运动鞋应具有合理的鞋楦设计和中底结构,能够在不同方向的运动中为双脚提供充分的支撑,防止崴脚等意外发生。鞋面材质的选择也值得关注,优质的网布材料兼顾透气性与支撑性,在保证双脚舒适的同时产生必要的包裹和固定效果。

鞋底的防滑性能同样不可忽略。花式跳绳训练通常在木地板、塑胶地面等场地进行,这些场地存在一定的湿滑风险。因此,运动鞋的鞋底应采用防滑性能优异的材料,如橡胶、碳橡胶等,并经过特殊的纹路设计,增大与地面的摩擦力,降低学生滑倒的风险。某些高端运动鞋还会在关键位置添加耐磨材料,进一步提高鞋底的抓地力和耐用性。

个性化需求的满足也是选择运动鞋的重要考量因素。不同的学生有不同的脚型特点和习惯,因此运动鞋的选择应因人而异。某些学生偏好更轻盈灵活的鞋型,而另一些则青睐更稳重厚实的鞋底。教师应引导学生根据自身情况,选择最适合的运动鞋。此外,鞋子的尺码选择也需要格外注意,宽松或紧绷的鞋型都可能影响运动表现,合适的尺码会在舒适性与贴合性之间取得平衡。

(二)运动服的搭配

在花式跳绳训练中,选择合适的运动服装不仅关系到学生穿着的舒适度和美观度,更会直接影响动作完成的难易程度和训练效果。因此,教师需要根据项目特点和学生个人情况,为学生提供切实可行的着装建议。

从材质的角度来看,花式跳绳学生的服装应以轻薄、透气、吸汗的面料为主。这是因为在高强度、快节奏的训练过程中,学生的身体会产生大量热量和汗液。如果服装材质过于厚重、不透气,就会阻碍汗液的蒸发,导致学生身体不适,甚至引发皮肤问题。相比之下,轻薄透气的面料能够有效促进汗液蒸发,帮助学生迅速散热降温,保持身体的干爽舒适。同时,吸汗材质还能够将汗液及时吸收,避免汗渍浸湿衣物,影响美观。

从版型的角度来看,花式跳绳学生的服装应选择贴身、灵活的款式。宽松肥大的衣裤不仅会增加风阻,影响动作的流畅性,还可能干扰跳绳,甚至造成意外。而贴身的服装能够最大限度地减少风阻,方便学生完成各种高难度动作。例如:修身的短袖T恤使学生穿着舒适,活动方便;弹力紧身裤能够提供足够的支撑力,又不会限制髋、膝等关节的活动范围。值得一提的是,在选择贴身服装时,应注意避免选择过于暴露的款式,以免引起尴尬。

从色彩和图案的角度来看,花式跳绳学生的服装应以明快、活泼的风格为主。鲜艳明亮的色彩不仅能够提升学生的自信心和积极性,还能够吸引观众的目光,为比赛增添亮点。同时,合理的色彩搭配还能够凸显团队的整体形象和文化内涵。例如:红色象征着热情与激情,适合活力四射的年轻团队;而蓝色象征着沉稳与智慧,更适合成熟稳重的团队。此外,一些独特的图案设计,如队徽、宣传海报等,也能够彰显团队的个性和凝聚力。当然,在选择色彩和图案时,也要考虑赛事的主题和氛围,避免过于花哨或不协调。

(三)护具的使用

在花式跳绳训练中,护具的正确使用不容忽视。它不仅能有效预防运动损伤,更能帮助学生安全、舒适地训练,提高训练质量和效率。然而,由于对护具的重要性认识不足,许多学生和教师往往忽视了这一环节,导致了不必要的伤害和训练效果降低。因此,深入探讨花式跳绳训练中护具的选择和使用策略对于保障学生的身心健康、提升训练水平具有重要意义。

首先,头部防护是花式跳绳训练中不可或缺的一环。在高强度、高难度的训练过程中,学生的头部极易受到绳索的意外击打,从而造成脑震荡或其他头部创伤。为了最大限度地降低这种风险,学生应佩戴合适的头盔。一款优质的花式跳绳头盔应具备以下要素:轻便透气的材质、柔软但有韧性的内衬、可灵活调节的松紧度,以及不影响视野的设计。只有充分考虑到学生佩戴的舒适度和安全性,头盔的防护作用才能真正发挥出来。

其次,护腕和护膝在花式跳绳训练中也扮演着关键角色。长时间、高频率的腕部和膝关节运动容易导致肌腱炎、半月板损伤等慢性运动损伤。科学、合理的护具选择和使用能够在很大程度上解决这一问题。一方面,护腕和护膝应选用柔软、有弹性的材料制成,在提供支撑和保护的同时不会过度束缚关节活动;另一方面,学生和教师应注意护具的卫生和更换频率,定期清洗晾晒,及时更换老化或损坏的护具,以保证其发挥作用。此外,还应根据学生的个体差异和训练强度,灵活调整护具的佩戴方式和松紧程度,避免过紧或过松导致二次伤害。

再次,脚踝护具在花式跳绳训练中的作用也不容小觑。剧烈的跳跃动作和高难度的技巧动作都会给脚踝关节带来巨大的冲击和扭转力,容易引发扭伤或慢性损伤。合适的脚踝护具能够有效稳定关节,分散冲击力,预防急性和慢性损伤的发生。然而,护具的选择和佩戴也需要讲究技巧。过于笨重的护具会影响动作的灵活性和协调性,而过于轻薄的护具则起不到应有的保护作用。因此,学生应在教师的指导下,根据自身的脚踝状况和训练需求,选择合适的护具类型和尺寸,并通过反复试穿和调整,找到最舒适和最具保护性的佩戴位置与方式。

最后,在花式跳绳训练中,手套的使用也值得关注。长时间握持绳索,绳索与手掌和手指之间有较大的摩擦和压力,会引发起泡、磨损等问题,影响握绳的稳定性和控制力。合适的手套能够有效解决这些问题,提供更好的缓冲和防护。另外,手套的材质、厚度和灵活性也需要根据学生的手型、出汗量和个人习惯进行选择。过于厚重的手套会影响手指的灵活性和对绳索的控制,而过于单薄的手套则难以提供足够的防护作用。因此,学生应多尝试不同类型的手套,找到最适合自己的那一款。

四、器材与装备的安全性评估标准

(一)外观与结构安全

外观与结构安全是评估跳绳器材与装备的重要标准之一。在跳绳器材的设计和生产过程中,必须确保其外观整洁、结构稳固,以减少使用过程中的安全隐患。

首先,跳绳的绳体应颜色均匀,无瑕疵(如抽丝、刮花、脏污等),以确保其耐用性和美观性。同时,绳体的材质应柔软且具有一定的弹性,以减少跳绳时对地面的冲击力和对使用者的伤害。

其次,跳绳的手柄部分应设计合理,便于抓握,且手感光滑,无变形、裂纹等瑕疵。手柄与绳体的连接部分应牢固可靠,防止在使用过程中脱落或松动,造成意外伤害。

再次,跳绳的调节装置应灵活易用,能够方便地调整跳绳的长度,以适应不同身高和使用者的需求。调节装置的设计也应考虑儿童等特定人群的使用安全,避免其误操作或误吞小零件。

最后,跳绳的整体结构应稳固耐用,能够承受长时间的使用和频繁的跳跃。在设计和生产过程中,应严格遵循相关的安全标准和规范,确保跳绳器材与装备的安全性和可靠性。

(二)性能安全

性能安全是跳绳器材与装备评估中的核心要素,直接关系到使用者的运动体验和健康保障。优质的跳绳器材应具备稳定、耐用且易于控制的性能,以确保在各种使用场景下都能保持安全。

跳绳的绳体应具备良好的弹性和耐磨性,这不仅能提升跳绳的流畅度,还能延长器材的使用寿命。绳体的材质应经过精心挑选,既要足够柔软以减少对地面的冲击力,又要足够坚韧以承受高强度的跳跃。

跳绳的手柄设计需符合人体工程学原理,确保抓握舒适且不易滑脱。手柄的重量和形状都应经过精心考量,以提供合适的惯性和控制力,帮助使用者更好地掌握跳绳的节奏和力度。

跳绳的调节功能应灵活且稳定。无论是通过锁扣、旋钮还是其他机制,调节装置都应能够牢固地固定跳绳的长度,防止在使用过程中发生意外松动或脱落。

对于智能跳绳等高科技产品,其性能安全还包括数据传输的稳定性和准确性。智能跳绳应能够实时、准确地记录跳绳次数、时间等数据,并通过可靠的无线连接传输至手机 App 或其他智能设备,以供使用者随时查看和分析。

(三)化学安全

化学安全在跳绳器材与装备评估中占据着至关重要的地位,它直接关系到使用者的健康与安全。跳绳作为直接与人体皮肤接触的健身器材,其材料的选择、加工过程以及成品中的化学物质含量都必须严格遵守相关的安全标准和规定。

首先,跳绳的材质选择是基础。优质的跳绳通常采用环保、无毒的材料制成,如高品质的 PVC、PU 或 EVA 泡沫等。这些材料具有良好的柔韧性、耐磨性和抗老化性能,能够满足跳绳运动的需求。然而,一些不良商家为了降低成本,可能会使用劣质材料或超量添加有害化学物质,这对使用者的健康构成了潜在威胁。因此,在选择跳绳时,消费者应仔细查看产品的材质说明,并优先选择那些经过认证、质量有保障的品牌。

其次,加工过程中的化学物质添加量控制同样重要。在跳绳的生产过程中,为了增加柔韧性、改善手感或提高耐用性,可能会使用一些化学物质,如增塑剂、稳定剂、颜料等。然而,这些化学物质的添加量必须严格控制在安全范围内,以避免对人体造成伤害。特别是邻苯二甲酸酯类增塑剂和短链氯化石蜡等有害物质,长期接触可能对学生的免疫系统和生殖系统产生不良影响。因此,生产商应严格遵守相关的化学安全标准,确保跳绳成品中的化学物质含量符合规定。

此外,跳绳的涂层及类似的表面涂覆材料也应符合安全标准。一些跳绳为了美观和耐用,可能会在表面涂覆一层特殊的材料。这些涂层材料必须无毒、无害,且不会在使用过程中脱落或释放有害物质。生产商在选择涂层材料时,应进行严格的测试和评估,以确保其安全性和稳定性。

对于消费者而言,在购买跳绳时,除了关注品牌、价格等因素外,还应仔细查看产品的化学安全信息。这包括查看产品的材质说明、化学物质含量报告以及相关的认证证书等。同时,消费者可以参考市场监管总局等权威机构发布的产品质量监测结果和消费提示,以了解市场上跳绳产品的化学安全状况。

五、新型训练器材与装备的发展

(一)智能跳绳

智能跳绳作为创新跳绳训练器材的重要代表,正在掀起一场跳绳运动的革命。传统跳绳虽然简单易行,但在数据记录、训练反馈等方面存在局限性。而智能跳绳通过内置传感器、无线连接、移动应用等先进技术为跳绳训练注入了全新的活力。

智能跳绳最突出的特点在于其数据采集与分析功能。内置的高精度传感器可以实时记录跳绳次数、速度、节奏等关键指标,并通过蓝牙或 Wi-Fi 将数据传输至手机应用。学生不仅能够直观地查看每次训练的成绩,还能长期追踪进步曲线,了解自身的训练效果。这种量化反馈有助于提高训练的针对性和有效性,激励用户持之以恒地投入跳绳运动。

智能跳绳还为学生提供了丰富多样的训练模式。例如,有的产品内置了计时训练、倒计时训练、心率控制训练等模式,满足了不同训练目的和强度需求。一些应用还搭载了虚拟教师系统,能够根据学生的跳绳数据提供个性化的训练计划和动作指导,犹如一对一教学。这些功能大大降低了跳绳运动的门槛,初学者也能获得专业、高效的训练体验。

互动与社交是智能跳绳的另一亮点。很多智能跳绳配套的移动应用都设有在线社区,学生可以在此分享训练心得、发起挑战、参与排行榜竞技等。这种互动不仅增添了跳绳的趣味性,也带来了更多参与动力。一些学校和体育组织还利用智能跳绳开展了形式多样的比赛活动,将个人运动与集体荣誉感相结合,在潜移默化中培养学生的体育精神。

未来,智能跳绳有望成为体育教学和训练的重要辅助工具。其数字化、智能化、社交化的特点与学校体育培养学生自主学习能力、创新意识和团队协作精神的理念高度契合。教师可以利用智能跳绳的数据分析更加精准地把握学情,因材施教;学生则可以通过智能跳绳获得个性化的学习体验,在运动中不断挑战自我、提升自我。这种师生互动、教学相长的新型体育课堂必将提升学校体育的教学质量和育人水平。

(二)可穿戴设备

可穿戴设备已经成为现代高校花式跳绳训练不可或缺的重要组成部分。这些设备利用先进的传感器技术和数据分析算法,为学生和教师提供了大量宝贵的训练数据和反馈信息。通过对运动过程中的各项生理和力学参数进行实时监测和分析,可穿戴设备能够帮助优化训练方案,提高训练效率,预防运动损伤。

在花式跳绳运动中,可穿戴设备主要包括智能跳绳、运动手环、心率监测带等。智能跳绳内置加速度传感器和陀螺仪,能够精确记录跳绳次数、频率、节奏等数据,并通过配套的移动应用程序进行数据分析和可视化展示。学生可以根据这些数据了解自己的训练状态和进步情况,并与他人进行比较和竞争。运动手环和心率监测带则主要用于监测学生的心率变化、运动强度、热量消耗等生理指标。通过对这些指标的分析,教师能够科学地安排训练计划,合理控制运动负荷,避免过度训练或训练不足。

除了为学生和教师提供客观的数据支持,可穿戴设备还具有强大的激励和社交功能。很多设备都支持将运动数据上传至社交平台,学生可以与朋友分享自己的训练成果,获得鼓励和认可。一些设备还内置了游戏化的训练模式,如虚拟教师、实时竞赛等,增加了训练的趣味性和互动性。这些功能有助于提高学生的训练动机和坚持度,营造良性的竞争氛围。

随着传感器技术和大数据分析的不断发展,可穿戴设备必将在花式跳绳训练中发挥越来越重要的作用。一方面,这些设备将变得更加智能化和个性化,能够根据学生的身体特点和训练需求提供定制化的指导和反馈;另一方面,多种设备之间的数据整合和共享将更加便捷,形成完整的学生数据管理系统。教师可以利用系统平台对学生的综合素质和发展潜力进行评估,制定科学的选材和培养策略。

(三)环保材料应用

从跳绳材质的选择来看,传统的塑料材质、金属材质虽然具有较高的强度和耐用性,但其生产过程往往会消耗大量不可再生资源,且废弃后难以降解,容易对环境造成二次污染。相比之下,竹子、亚麻等天然植物纤维材料则具有巨大优势。这些材料取于自然,生产加工过程简单,碳排放量低,废弃后还能被土壤微生物分解,最终回归自然界的物质循环。以竹子为例,其生长周期短,再生能力强,每公顷竹林每年可吸收近 50 吨二氧化碳,成材后其强度和韧性又可媲美优质木材,既能满足跳绳运动的力学性能需求,又能实现生态效益与使用功能的完美统一。

辅助训练器材如助力带、训练垫等,在向环保化、可循环方向发展。以往常用的橡胶、海绵材质回收再利用存在诸多技术瓶颈。而新型的植物基泡沫材料、再生纺织面料等,其原料可以从农业废弃物、废旧服装中提取,加工过程耗能低,产品性能优异且可多次循环使用,大大延长了材料的使用寿命。这种创新性的材料替代既减轻了体育运动对环境的压力,也让学生在日常训练中潜移默化地接受绿色环保的行为模式。

值得一提的是,环保材料在跳绳运动服饰中的应用方兴未艾。一些运动服装品牌率先将聚乳酸(PLA)面料运用到跳绳服装的设计和生产中。这种面料以玉米、木薯等植物淀粉为原料,加工过程完全依赖太阳能和微生物发酵,产生的二氧化碳比传统化学纤维减少了 50% 以上。PLA 面料柔软透气,色泽亮丽,运动服轻盈舒适,既满足跳绳运动的专业需求,又能很好地贴合学生群体对时尚与环保的双重诉求。学生身着绿色环保的运动服,在跃动的绳影中挥洒青春与活力,传递出积极向上的生活方式和社会责任感。

第二节　现代高校花式跳绳训练内容选择与设计

一、基础训练内容确定与安排

(一)基础动作选择

合理选择基础动作既能够打牢运动技能基础,又能避免因动作过于复杂而产生挫败感。因此,在现代高校花式跳绳训练体系构建中,教师应该高度重视基础动作的选择与设计。

从难度层次来看,基础动作应该包括初级、中级、高级三个层次。初级动作主要针对零基础学生,着重培养其正确的跳绳姿势和节奏感。这一阶段可选择的动作有慢速前跳、快速前跳、后跳、左右脚交替跳、单脚跳等。这些动作看似简单,但对于掌握跳绳的基本要领至关重要。中级动作在初级动作的基础上,引入一些难度适中的花式动作,如开合跳、摇摆跳、剪刀腿等。这些动作能够帮助学生进一步提高协调性和灵活性,为后续技巧动作的学习奠定基础。高级基础动作则侧重力量、速度和耐力等身体素质的提升,常见的有波比跳、高抬腿、深蹲跳等。这些动作强度较大,适合体能基础较好的学生完成。

从训练目标来看,基础动作的选择还应兼顾全面性和针对性原则。一方面,所选动作应涵盖力量、速度、耐力、灵敏、协调等各项身体素质的训练,做到全面均衡发展;另一方面,教师应结合学生的个体差异,有针对性地加强薄弱环节。例如:对于下肢力量较弱的学生,可以增加深蹲跳的训练量;对于节奏感较差的学生,则可以通过舞步跳来强化动感训练。

(二)训练时间安排

花式跳绳训练时间的合理安排是现代高校体育训练体系不可或缺的重要环节。科学、系统的训练时间规划不仅能够保证训练的有序进行,更能最大限度地发挥学生的潜能,推动训练质量和竞技水平的提升。因此,在制订花式跳绳训练计划时,教师必须高度重视训练时间的合理安排,遵循训练规律,把握关键要素,做到因材施教、循序渐进。

训练时间安排要立足学生的个体差异,体现因材施教的原则。不同的学生在年龄、身体素质、运动基础等方面存在较大差异,对训练强度和节奏的适应能力也各不相同。因此,在制订训练时间计划时,教师要全面评估每个学生的身体状况和运动能力,据此确定适宜的训练时长、频次和时间分配。学生要注意循序渐进,避免过度训练;身体素质较好的学生,可以适当增加训练量和强度;基础较弱的学生,则要以夯实基本功为主,合理控制训练节奏。只有因材施教、因人而异,才能使每个学生都能在最佳状态下完成训练任务。

训练时间安排要遵循科学的训练周期,把握阶段性目标。花式跳绳训练通常包括准备期、比赛期和过渡期三个阶段,每个阶段的训练任务和重点都有所不同。准备期的主要目标是完善基本技术,提高身体素质,为比赛期的高强度训练奠定基础。因此,准备期的训练时间要相对充裕,保证学生有充分的时间进行基础练习和体能锻炼。比赛期是训练的关键阶段,主要任务是巩固技术,提高难度动作的完成质量,模拟比赛情景。这一阶段的训练强度最大,对学生的体能和心理都是严峻的考验。为了确保学生在比赛中能够发挥出最佳水平,比赛期的训练时间要精心安排,在保证训练质量的同时,还要避免过度疲劳。过渡期是比赛结束后的恢复阶段,主要目的是缓解学生的身心压力,为下一个训练周期做准备。过渡期的训练时间相对较短,训练强度也有所降低,但要注意保持一定的训练量,防止运动能力的急剧下降。总之,训练时间安排必须紧扣阶段性目标,合理分配各阶段的时间比例,做到张弛有度、进退有序。

训练时间安排要统筹兼顾,科学搭配各类训练内容。花式跳绳是一项综合性很强的运动项,既包括单人和双人花样项目,又涵盖速度跳、耐力跳等多种形式。不同类型的训练内容对时间的要求各不相同:速度跳强调爆发力,适合在学生状态最佳时进行;耐力跳对体能消耗大,一般安排在训练后期;花样项目的练习贯穿训练的全过程,但侧重点与其他项目有所区别。在制订训练时间计划时,教师要综合考虑各种训练内容的特点和学生的实际情况,在时间安排上做到互相补充、有机结合。例如:在准备期,可以将更多的时间用于基本功训练和体能提升;在比赛期,则要以花样项目的练习为主,适当穿插速度跳和耐力跳;而在过渡期,可以增加一些丰富多样的体能恢复性练习。唯有科学搭配、统筹兼顾,才能在时间有限的情况下最大限度地提高训练效率。

(三)训练强度控制

训练强度是指学生在单位时间内完成训练任务的质和量,它直接影响着学生的生理负荷和适应水平。合理的强度控制不仅能够促进学生身体机能的提高,避免过度疲劳和运动损伤,更能够保证训练效果的最优化。因此,在花式跳绳训练中,教师必须高度重视训练强度的把控,根据学生的个体差异和训练阶段的不同,灵活调整强度水平,以实现"以学生为中心"的人本化训练模式。

从生理学角度来看,训练强度控制要遵循人体机能适应的基本规律。一般而言,学生在适宜强度下进行训练,其身体机能会出现超量恢复现象,即通过训练使机体产生应激反应,在恢复过程中机能水平不仅恢复到原有水平,还会比原有水平有所提高。但是,如果长期处于过大强度的刺激之下,学生的身体就难以及时恢复,容易产生慢性疲劳,训练效果非但无法提升,反而会出现下降的危险。因此,教师要根据学生的身体状态(包括心率、血压、乳酸水平等客观指标)合理设置训练强度,确保其始终处于最佳的生理适应区间。

从运动训练学的角度来看,不同的训练阶段对强度的要求也有所不同。在准备阶段,训练强度一般以中低强度为主,主要目的是在提高学生基础体能的同时完善基本动作技术,为下一阶段的高强度训练奠定良好基础。而在专项阶段,强度控制的重点在于突出专项,采用与竞赛相近或相同的强度进行训练,以提高专项体能和专项技能水平。在这个阶段,教师要合理安排大、中、小强度训练的比例,避免过于频繁地使用大强度刺激而造成学生机体过度疲劳。总的来说,训练强度要遵循"由低到高,由缓到急"的递增原则,根据学生的适应能力逐步提高强度,切忌急于求成、盲目追求高强度。

针对花式跳绳运动的特点,教师还应采取针对性的强度控制策略。一方面,花式跳绳对动作的协调性和灵敏性要求较高,因此在强度控制上要侧重技术训练,保证动作的准确性和稳定性。教师可以采用分解训练、完整训练相结合的方式,在中等强度下重复练习基本动作,巩固动作技术,而在高强度下则要完整地模拟比赛动作,提高动作的衔接和完成质量。另一方面,花式跳绳又是一项高度依赖无氧代谢的运动项目,学生在完成规定套路时,往往需要在短时间内释放大量能量,因此有必要进行专门的无氧耐力训练。教师要合理制订间歇训练计划,在高强度负荷与充分恢复之间找到平衡,从而最大限度地提升学生的无氧工作能力。

二、技巧提升训练内容规划与实施

(一)高级动作训练

随着花式跳绳运动的不断发展,高难度动作层出不穷,对学生的身体素质和技术水平提出了更高要求。因此,在高校训练中,教师需要针对性地设计高级动作训练内容,帮助学生突破技术瓶颈,提升比赛表现。

高级动作训练的内容设计应遵循循序渐进、由易到难的原则。教师需要全面评估学生的身体条件、技术基础和学习能力,在此基础上合理安排训练进度。初级学生可以先从单摇单跳、双摇单跳等相对简单的高级动作入手,通过反复练习来掌握基本节奏和动作要领。技术基础较好的学生,可以尝试更加复杂的高难度动作,如三摇单跳、四摇单跳、组合跳等,重点培养动作衔接与完成质量。

在高级动作训练过程中,教师还应注重基础能力的巩固提升。高难度动作的完成不仅需要过硬的技术,更离不开良好的身体素质。因此,力量、速度、耐力、协调等基础能力训练应贯穿整个高级动作训练周期。可以采取站姿双摇跳、坐姿双摇跳等辅助练习手段,强化学生腰腹部力量、手腕力量和持绳稳定性;通过变速跳、交叉跳等方式提高学生的节奏感和应变能力;运用音乐跳绳、花样跳绳等形式锻炼学生的动作协调性和艺术表现力。只有在扎实的基础能力支撑下,高难度动作的完成才能更加稳定和出色。

在高级动作训练中,教师还需重视心理素质的培养。优秀的心理素质是学生在重大赛事中超常发挥、完成高难度动作的重要保证。教师应通过设置高强度训练环境、模拟比赛情景等方式磨炼学生的意志品质,提高其抗压能力和自信心。同时,积极的心理暗示和赛前心理辅导也必不可少,它可以帮助学生以最佳状态投入比赛。此外,队友间的相互鼓励、教师的及时反馈也有助于营造良好的训练氛围,激发学生的训练热情。

(二)技巧组合训练

技巧组合训练需要在扎实掌握基础动作的前提下,深入研究动作规律和衔接技巧,设计出富有创意、难度适中的组合动作。这一过程不仅考验教师的专业素养和创新意识,更需要学生的积极配合和刻苦训练。在技巧组合训练中,教师应充分尊重学生的个性特点和专长所在,因材施教,量身定制训练计划。对协调性较强的学生,可以适当增加组合动作的难度和密度;而对基本功较为薄弱的学生则应更多地强调动作的规范性和稳定性,循序渐进地提高组合难度。

技巧组合训练不仅要重视动作的衔接与流畅,更要注重与音乐的契合和表现力的展示。优秀的技巧组合不仅能够完美诠释音乐的旋律和节奏,更能通过动作语言传达出鲜明的情感和个性。因此,在技巧组合编排过程中,教师要精心挑选与动作难度、风格相匹配的音乐,引导学生在动作中融入自己的情感和理解。同时,还要特别强调动作与音乐的精准对位、韵律的把握,使技巧组合更具艺术感染力。

除了动作编排和音乐选择外,技巧组合训练还应重视与其他训练内容的配合。一方面,教师要根据学生的身体素质和技术特点,合理安排体能训练和基础训练,为技巧组合训练奠定良好基础;另一方面,还要注重心理辅导和抗压训练,提高学生的自信心和比赛心理素质,使其在高压环境下能够从容应对,全力发挥。

(三)训练进度评估

科学、客观、全面的训练进度评估不仅有助于教师及时了解学生的训练状态,发现其存在的问题,还能激励学生保持积极向上的训练态度,增强其自信心和成就感。

训练进度评估应该建立在对训练目标、训练内容和学生个体差异充分了解基础之上。教师需要根据不同阶段的训练重点制定明确、具体、可检验的评估指标。这些指标应该涵盖花式跳绳项目的各个方面,包括基础动作的规范性、完成质量,高难度动作的掌握情况,动作衔接的流畅性,节奏把握的准确性,以及比赛策略的执行效果等。同时,评估指标的设置还要兼顾学生的年龄特点、训练年限、身体条件等因素,做到因材施教,以最大限度地激发每一名学生的潜力。

在实施训练进度评估时,教师应采用多元化的评估方式,综合运用定性和定量的评估手段。定性评估主要通过观察、交流、讨论等方式，了解学生在训练中的态度、情绪、思想动态，以及动作完成的质量和艺术表现力。定量评估则侧重通过测试、录像分析等手段获取学生体能、技术等方面的客观数据。两种评估方式相辅相成，可以为教师提供全面、立体的评估信息。

评估的频率和反馈机制也是训练进度评估不可忽视的环节。评估频率应根据训练周期的长短和训练内容的变化而有所调整，既要保证评估的连续性和及时性，又要避免过于频繁而增加学生的心理负担。评估结果应该及时反馈给学生，并针对存在的问题提出建设性的意见和建议。教师还要注重引导学生进行自我评估和反思，提高其自我管理和自我激励的能力。

三、战术与策略训练内容融入

(一)比赛策略训练

在现代竞技体育竞争日益激烈的背景下，仅仅掌握高超的技术动作远远不够，学生还需要具备敏锐的战术意识、灵活的应变能力和坚韧的心理素质。比赛策略训练正是培养这些关键能力的有效途径。

从战术意识的角度来看，比赛策略训练有助于学生树立全局观念，深入分析比赛形势，把握关键节点。通过系统研究对手的优势和弱点，学生能够制订针对性的比赛方案，合理安排体力分配，在关键时刻做出正确决策。同时，比赛策略训练还能提升学生的预判能力和临场应变能力。在复杂多变的比赛环境中，学生需要随时调整策略，灵活应对各种突发情况。通过多场次的模拟比赛训练，学生能够积累丰富的比赛经验，形成敏锐的感知力和判断力，从容应对比赛中的各种挑战。

从心理素质的角度来看，比赛策略训练是磨砺学生意志品质的重要平台。花式跳绳比赛不仅考验选手的技术水平，更是一场心理和意志的较量。面对激烈的竞争和巨大的压力，学生需要保持冷静的头脑和坚定的信念。通过设置逆境场景、模拟高压环境，比赛策略训练能够有效锻炼学生的抗压能力和自我调节能力。在一次次困难和挫折中，学生能够不断增强自信心和毅力，以更加成熟和稳健的心态面对比赛。

此外，比赛策略训练还是促进团队协作、增强凝聚力的关键环节。花式跳绳既有个人单项，也有集体项目。在团体比赛中，选手之间的默契配合和战术执行力直接关系到整支队伍的表现。通过开展针对性的分组对抗训练,设计协同作战的战术战略,学生能够增进彼此了解,提高配合效率。在这个过程中,选手们不仅能够相互学习,取长补短,更能培养起团结协作、荣辱与共的集体主义精神。这种宝贵的品格力量将成为他们取得竞技成功的强大助力。

(二)团队协作训练

团队协作训练是花式跳绳训练体系中不可或缺的重要组成部分。在团队协作训练中,学生不仅需要掌握个人的基本功和技巧,更要学会与队友默契配合,形成整体的战术意识和团队精神。只有每个队员都能在比赛中发挥自己的特长,并与队友紧密协作,才能最大限度地展现团队的实力,赢得比赛的胜利。

团队协作训练的核心在于培养学生的团队意识和默契配合能力。在训练过程中,教师要精心设计各种协作性练习,如多人同步跳绳、交叉跳绳、集体造型等,引导学生形成互帮互助、密切配合的意识。通过反复练习,学生逐渐掌握彼此的节奏和习惯,形成默契的配合。同时,教师还要注重培养学生的沟通交流能力,鼓励队员之间多交流想法、互相鼓励,营造积极向上的团队氛围。队员只有紧密联结,才能在比赛中保持高度的默契和信任。

除了培养团队意识,教师还要注重在团队协作训练中融入战术指导。在花式跳绳比赛中,良好的战术安排和临场应变能力往往能够决定比赛的胜负。因此,教师要带领队员共同研究比赛战术,制订周密的比赛计划。在训练中,教师要设置各种模拟比赛情境,引导队员学会根据不同的场景灵活调整战术,提高临场应变能力。同时,教师还要培养队员的心理素质,锻炼其在高压环境下保持冷静、沉着应对的能力。只有具备过硬的心理素质,学生才能在关键时刻挺身而出,带领团队取得胜利。

(三)临场应变训练

面对瞬息万变的赛场环境和激烈的竞争压力,学生必须具备高度的应变能力,才能从容应对各种突发情况,最大限度地发挥自己的实力。因此,在现代高校花式跳绳训练体系中,临场应变训练理应占据重要位置。

临场应变训练的核心在于模拟真实比赛情境,让学生在训练中习惯处理各种复杂多变的问题。教师可以通过设置障碍物、改变场地条件、增加干扰因素等方式为学生创设逼真的赛场环境。在这种环境下,学生需要快速判断形势,及时调整跳绳节奏和动作,确保自己的发挥不受影响。同时,教师还可以在训练中故意制造一些"意外情况"(如跳绳断裂、音乐中断等),以考验学生的应变能力。通过反复练习,学生将逐渐养成冷静思考、果断决策的习惯,形成敏捷的反应能力和强大的心理素质。

除了模拟赛场环境,临场应变训练还应注重培养学生的创新意识和灵活性。花式跳绳是一项充满艺术魅力的运动,它不仅考验学生的身体协调性,更考验其想象力和创造力。在比赛中,学生往往需要根据音乐节奏、个人特点和团队配合等因素,即兴发挥,展现独特的跳绳风格。因此,教师应鼓励学生在训练中大胆尝试新的动作组合和编排方式,突破固有思维模式的限制。通过不断探索和创新,学生将掌握更多的跳绳技巧,提高动作的难度和美感,在比赛中脱颖而出。

四、训练内容创新与多样化探索

(一)新动作开发

传统的花式跳绳动作大多源于基础动作的叠加组合,虽然能够实现动作难度和艺术性的提升,但仍然存在模式化、同质化的问题。为了突破这一局限,教师需要从更广阔的视角积极探索富有创新性的动作设计思路。

生活体育项目是花式跳绳动作创新的重要源泉。许多看似简单的日常体育活动(如篮球运球、体操翻滚、武术舞蹈等)都蕴含着独特的动作元素和律动节奏。将这些元素与跳绳动作巧妙结合,可以创造出全新的花样组合,极大地丰富花式跳绳的动作库。例如,借鉴体操的翻滚动作,设计出侧翻转体360度的跳绳新动作;又如,融入武术舞蹈的身体律动,形成富有东方韵味的艺术化跳绳套路。这种跨界融合的创新思路不仅能够拓宽花式跳绳的表现形式,更能吸引更多有不同兴趣爱好的学生参与其中。

器械运用是花式跳绳动作创新的另一重要切入点。传统的花式跳绳主要使用单人绳、双人绳和集体绳等基本器械,这在一定程度上限制了动作的多样性和表现力。而引入其他辅助性器械(如体操球、艺术带、轮滑鞋等)则可以大大拓展动作创新的空间。以轮滑与跳绳的结合为例,学生一边跳绳一边完成各种轮滑技巧动作(如转体跳、后外点冰跳等高难度动作),既对学生的协调性提出了更高要求,也呈现出更具观赏性和挑战性的视觉效果。再如,利用体操球代替跳绳,通过抛接、滚动等手法展现出与众不同的节奏感和韵律美。这些创新性的器械运用为花式跳绳注入了新的活力,使其更加多姿多彩。

动作难度突破是花式跳绳创新的重要方向。一方面,教师要鼓励学生挑战自我,不断尝试更高难度的动作,如增加跳绳的速度、高度和旋转数量,或在跳绳过程中增加翻腾、转体等技巧性动作;另一方面,要注重动作难度的科学性和合理性,避免盲目追求高难度而忽视动作的准确性和安全性。为此,教师应该根据学生的身体条件和技术特点,因材施教地制订针对性的训练计划,循序渐进地提高动作难度。同时,要加强专项体能训练,强化学生的爆发力、耐力和柔韧性,为高难度动作的完成奠定良好的身体基础。只有在保证动作规范和质量的前提下,不断挑战难度的极限,才能真正实现花式跳绳动作的突破性创新。

(二)多样化训练方法

传统的花式跳绳训练以单一的重复性练习为主,学生按照教师的指令机械地完成动作,缺乏主动探索和创新的机会。这种训练模式难以充分调动学生的积极性和创造力,限制了其综合素质的提升。为了突破这一局限,教师应积极探索多元化的训练方法,激发学生的内在潜能。

情境模拟训练是一种行之有效的多样化训练方法。教师可以设计与比赛环境相似的训练情境,如模拟赛场布置、观众助威等,让学生在逼真的环境中练习。这不仅能够提高学生的抗压能力和临场发挥水平,更能够促进其对比赛节奏的把控和策略的运用。在情境模拟训练中,学生需要根据不同的场景及时调整跳绳动作和节奏,灵活应对各种变化,这对其专项能力的提升和心理素质的锻炼都有重要意义。

另一种值得尝试的多样化训练方法是小组协作训练。教师可以将学生分为若干小组,每组成员共同完成规定的训练任务。在这个过程中,学生需要与队友密切配合,相互鼓励和帮助。这种训练方式不仅能够增强团队凝聚力,提高学生的沟通协调能力,更能激发其集体荣誉感和责任心。通过小组协作训练,学生能够体会到团队合作的力量,懂得与他人互帮互助、共同进步的道理。

(三)跨学科融合训练

花式跳绳不仅是一项单一的体育运动,更是一门综合性极强的艺术。它集体育、舞蹈、音乐、美术等多个学科于一体,要求学生在复杂的节奏中完成高难度动作,展现优美的身体线条和动人的艺术表现力。因此,在花式跳绳训练中引入跨学科元素有助于全面提升学生的综合素质和竞技水平。

从体育学科的视角来看,花式跳绳学生需要具备良好的身体协调性、灵敏性、力量和耐力等基本素质。传统的体能训练固然重要,但如果能够与舞蹈训练相结合,引入芭蕾、现代舞等元素,则能够更有针对性地提高学生的身体控制能力和韵律感,使其动作更加优雅流畅。同时,在编排花样时融入舞蹈元素能够极大丰富花式跳绳的艺术表现力,为观众呈现更加精彩的视觉盛宴。

从音乐学科的角度来看,花式跳绳与音乐有着天然的联系。学生需要根据音乐的节奏、旋律、力度等要素来设计和完成动作,音乐在很大程度上决定了他们的表现水平。因此,在训练过程中,教师应该重视音乐素养的培养,帮助学生理解不同风格音乐的特点,提高他们对音乐的感知力和表现力。选择合适恰当的音乐能够烘托比赛氛围,渲染情感色彩,使学生的表演更具感染力。

从美术学科的视角来看,花式跳绳追求的是力与美的统一。优秀的学生不仅要完成高难度动作,更要展现优美的体态和夺目的笑容。这就要求他们在训练中注重美学修养,学习形体仪态、服装搭配、妆容设计等知识,塑造个人独特的艺术风格。同时,美学元素的引入也有助于创编更具观赏性和艺术感染力的花样,为观众带来全新的审美体验。

五、训练内容适应性调整与个性化定制

(一)个性化训练计划

随着花式跳绳项目的蓬勃发展,学生的个体差异日益凸显,采用"一刀切"的统一训练模式已经难以满足不同学生的发展需求。因此,教师应立足学生的年龄特点、身体条件、技术特长等,科学制订符合其成长规律的个性化训练计划,最大限度地发掘每一名学生的潜能。

在制订个性化训练计划时,教师要先全面评估学生的身体素质和专项技术水平。通过体能测试、技术诊断等手段,教师可以准确把握学生的优势和不足,识别其个性特点和发展潜力。在此基础上,教师要根据学生的训练阶段和比赛计划合理设置训练目标和任务,并选择恰当的训练手段予以落实。例如:对于身体协调

性较差的学生,教师可以增加平衡性、灵敏性等方面的训练;对于爆发力不足的学生,教师可以强化无氧耐力和腿部力量训练;对于动作衔接不够流畅的学生,教师可以通过分解动作训练、完整动作训练等方式加以改进。总之,个性化训练计划要做到因材施教、循序渐进,充分尊重学生的个体差异和成长规律。

个性化训练计划的制订还应该兼顾学生的心理特点和情绪状态。花式跳绳是一项高度依赖心理素质的运动项目,学生的自信心、抗压能力等往往决定了其比赛表现和成绩水平。因此,教师在设计训练计划时,要充分考虑学生的心理承受能力,适时调整训练强度和难度,避免过大的心理压力和强烈的挫折感。同时,教师要通过积极的言语鼓励、及时的情绪疏导等方式营造良好的训练氛围,增强学生的自信心和斗志。只有从身心两方面入手,才能真正实现训练计划的个性化和针对性,最大限度地调动学生的积极性和主动性。

(二)适应性训练调整

花式跳绳作为技巧性、艺术性与竞技性兼备的体育项目,对学生的身体素质、心理素质以及技战术能力都提出了较高要求。而每名学生的身体条件、技术特点和心理特征都存在个体差异,这就需要教师根据不同学生的实际情况灵活调整训练内容和方法,以最大限度地发挥其潜能,提升训练效果。

适应性训练调整要立足学生的身体条件。花式跳绳对学生的柔韧性、协调性、爆发力等身体素质有着特殊要求。教师应全面评估学生的身体状况,针对其薄弱环节进行有针对性的训练。例如:对于柔韧性较差的学生,可以增加拉伸训练的比重;对于爆发力不足的学生,可以加强腿部力量训练。教师还要关注学生的身体疲劳程度,适时调整训练强度和训练量,避免过度训练导致运动损伤。

适应性训练调整要考虑学生的技术特点。花式跳绳动作繁多,每名学生都有自己擅长的技术动作和风格特点。教师应充分挖掘和利用学生的技术优势,在训练中突出其特长,巩固提高。与此同时,对于学生的技术短板,教师要进行重点攻克,设计针对性练习,帮助其尽快提升。在技术训练中,教师还应注重动作的规范性和艺术性,引导学生呈现优美、协调的动作表现,提高完成质量。

适应性训练调整要重视学生的心理因素。花式跳绳比赛强度大,变化多,对学生的心理素质提出了很高要求。教师要加强学生的心理训练,提高其自信心、稳定性和抗压能力。针对不同学生的性格特点,教师要采取不同的沟通方式和激励手段,营造良好的团队氛围,增强凝聚力。在训练和比赛中,教师还要及时疏导学生的不良情绪,帮助其保持积极乐观的心态,使其以饱满的热情投入训练和比赛。

(三)特殊需求训练

随着花式跳绳运动的蓬勃发展,参与这项运动的人群日益多元化,他们的身体条件、运动基础、学习需求也呈现出多样化的特点。因此,在制订训练计划时,教师必须充分考虑不同学生的特殊需求,进行针对性的训练设计和个性化的指导,以最大限度地激发每个学生的潜力,帮助其达成训练目标。

对于基础较弱的学生而言,特殊需求训练意味着要从最基本的动作开始,循序渐进、因材施教。教师需要细致入微地观察每个学生的动作表现,及时发现并纠正错误的动作模式。同时,要根据学生的接受能力和进步情况灵活调整训练节奏和强度,既要保证训练的连贯性和系统性,又要避免过度训练带来身心负担。通过这种耐心而细致的训练,基础薄弱的学生也能够稳扎稳打地提高,逐步缩小与其他队员之间的差距。

对于身体条件不够优秀的学生,特殊需求训练则要着眼于其特定的生理局限,因材施教、扬长避短。例如:对于柔韧性不佳的学生,可以增加拉伸训练的比重,扩大关节活动范围;对于力量较弱的学生,可以通过增强核心肌群力量的训练,提升身体控制能力;对于平衡能力欠佳的学生,可以利用不同大小和材质的器械,锻炼身体协调性与稳定性。在这个过程中,教师要根据每名学生的身体反馈及时调整训练方案,既要帮助其突破身体局限,又要注意避免运动损伤的风险。

对于有特殊学习需求的学生,如对某些高难度动作情有独钟,或希望尽快进入比赛的学生,教师需要在团队训练的基础上,因势利导,给予适当的个别指导。这种个别指导可以是课余时间的一对一训练,也可以是针对特定动作的小组练习。在训练过程中,教师要充分发挥学生的主观能动性,鼓励其积极思考、勇于创新,同时及时给予必要的引导和帮助,确保训练方向的正确性。满足学生的特殊学习需求,不仅能够最大化学生的训练收益,也能极大地提升其自信心和成就感。

第三节 现代高校花式跳绳训练的基本技巧

一、跳绳姿势与节奏感

(一)正确跳绳姿势

身体应保持正直,双脚与肩同宽,重心略微前倾。这种站姿能够使身体保持平衡和稳定,为有效发力创造条件。同时,膝关节应保持微屈,以减小跳跃时的冲击力,保护关节。躯干应尽量挺直,避免弯腰驼背,以减少腰背部的压力。头部自然抬起,目视前方,有助于维持身体平衡。

手臂应放松,手肘微屈,手腕与肘部保持同高。双手持绳,手腕自然外展,拇指与食指围成圆圈握住绳柄。摆绳时,应主要依靠手腕发力,手臂应随之自然摆动,不可大幅度挥臂。这种手臂姿势有利于充分发挥手腕的灵活性,提高摆绳效率。

跳跃时脚尖自然外展,脚跟离地。落地时前脚掌先着地,然后是脚跟,最后是前脚掌蹬地跳起。这种着地方式能够有效缓冲冲击力,降低小腿和脚踝的压力,预防运动损伤。同时,应注意控制跳跃高度,避免过度用力,以减少膝关节和踝关节的负担。

(二)节奏感训练方法

节奏感是花式跳绳训练中不可或缺的重要元素。它不仅能够提升训练效果,更能增强表演的艺术感染力。因此,在现代高校花式跳绳训练中,教师必须高度重视节奏感的培养,采取科学有效的训练方法,帮助学生掌握节奏感的精髓。

音乐是培养节奏感的重要载体。跳绳运动本身就蕴含着鲜明的节奏性,而音乐则能够直观地表现出这种节奏。在训练过程中,教师可以选取不同风格、不同速度的音乐,引导学生根据音乐的节拍进行跳绳动作。通过音乐与动作的完美结合,学生能够更好地感知节奏,掌握动作的时间和力度分配。同时,优美动听的音乐还能调动学生的情绪,激发其训练热情,使枯燥的训练过程变得生动有趣。

分解动作是掌握节奏感的关键步骤。花式跳绳动作往往比较复杂,如果要求学生一次性完成,难度较大。因此,教师应该采用分解教学法,将完整的动作分解为若干个简单的动作单元,引导学生逐一掌握。在分解练习的过程中,学生能够更加细致地感受每个动作单元的节奏特点,并反复练习,使动作日臻完美。只有打好基础,才能最终将这些动作单元流畅地连接起来,形成和谐统一的整体节奏。

设置节奏变化是提高节奏感的有效手段。在掌握基本节奏后,教师可以适当设置一些节奏变化,如加快或减慢速度、增加或减少跳跃次数等,以提高训练的难度和趣味性。这样不仅能够锻炼学生对节奏的敏感性,还能提升其应变能力。在面对节奏变化时,学生需要及时调整动作,保持身体的协调性,这对于提高其节奏控制能力大有裨益。同时,节奏变化能打破单一、重复的训练模式,使学生始终保持高度的注意力和兴趣。

二、基本跳跃技巧

(一)单脚跳技巧

教师需要指导学生找准重心,保持身体平衡。单脚跳时,支撑腿需要微屈,脚尖朝前,重心落在脚掌中部。同时,摆动腿应自然弯曲,脚尖勾起,与支撑腿形成一定夹角。上身保持挺拔,双臂自然摆动,以维持身体平衡。教师可以通过示范和分解动作帮助学生建立正确的动作概念。

教师要引导学生把握单脚跳的节奏。单脚跳的节奏通常为"一二、一二"或"一二三、一二三",即支撑腿着地两次或三次后,切换至另一条腿。为了帮助学生掌握节奏,教师可以使用口令或音乐伴奏,引导学生在均匀的节拍下完成动作。同时,教师还可以鼓励学生自主探索不同的节奏变化,如加快或减慢速度,增强单脚跳的趣味性和挑战性。

教师应注重单脚跳的衔接和过渡训练。在实际跳绳过程中,单脚跳通常与其他跳跃技巧相互穿插,形成流畅的动作组合。因此,教师需要引导学生练习单脚跳的起跳和落地,使其能够与其他动作自然衔接。例如,可以设计从原地双脚跳到单脚跳的练习,或者从单脚跳切换到交叉跳的练习,帮助学生提高动作的连贯性和灵活性。

(二)双脚跳技巧

双脚跳对下肢力量和稳定性的要求更高,需要学生在起跳和落地时保持身体平衡,控制好跳绳的节奏和高度。因此,在双脚跳训练中,教师应着重引导学生掌握正确的跳绳姿势,如双脚并拢,脚尖着地,膝关节微屈,身体保持挺拔等。只有建立在规范动作的基础上,学生才能更好地完成双脚交替、双脚同时等跳跃技巧。

在双脚跳训练中,可以采用循序渐进的方法,由易到难,由单一到复合,逐步提高训练强度和难度。初学者可以先练习原地双脚跳,在掌握跳绳的基本节奏后再尝试双脚前移、后移等简单变化。在此基础上,可以逐步增加跳绳的速度和高度,练习双脚快速跳、高抬腿跳等动作,以提高下肢力量和爆发力。对于更高水平的学生,教师还可以设计一些双脚交叉跳、双脚不对称跳等复杂组合,融合旋转、舞蹈等元素,以提高动作的艺术性和表现力。

需要注意的是,双脚跳训练容易对膝关节和踝关节造成较大的冲击和压力,因此必须重视运动损伤预防。教师应指导学生做好准备活动和放松拉伸,选择合适的场地和器材,如减震垫、轻质跳绳等。在训练过程中,也要密切关注学生的身体状态,及时调整运动量和强度,避免过度疲劳或受伤。此外,恰当的营养和休息也是保证训练效果和健康的重要因素。

(三)高抬腿跳技巧

为了高效地掌握高抬腿跳绳技巧,学生需要在正确的姿势、节奏把控和力量训练等方面下功夫。

高抬腿跳绳的关键在于保持正确的跳绳姿势。学生应该站直身体,双脚并拢,脚尖朝前。跳绳时,双臂自然弯曲,手腕靠近腰部,保持稳定。同时,学生还要注意下蹲的幅度和频率。每次跳跃时,大腿与地面保持垂直,小腿用力向上抬起,脚尖勾起,尽量使膝盖抬至与髋部平行。只有保持标准的高抬腿姿势,才能确保跳绳动作的规范性和有效性。

高抬腿跳绳对跳绳节奏的把控要求很高。学生需要根据绳子的旋转速度掌握高抬腿的时机和频率。通常情况下,绳子每旋转一周,学生就要完成一次高抬腿动作。为了保证高抬腿与绳子旋转的同步性,学生可以借助报数或音乐等节奏感强的外部刺激逐渐内化跳绳节奏。当然,这一过程需要较长时间的练习和适应。学生要学会倾听自己的身体节奏,通过不断尝试和调整,找到最佳的高抬腿跳绳节奏。

高抬腿跳绳是一项非常消耗体能的运动,对学生的腿部力量有很高要求。为了更好地完成高抬腿动作,学生平时要加强腿部力量的训练。深蹲、弓步蹲、跳跃等都是非常有效的腿部力量练习方式。通过这些训练,学生的大腿肌肉、小腿肌肉都能得到充分的锻炼,为高抬腿跳绳打下坚实的体能基础。此外,力量训练还能帮助学生提高腿部的爆发力,使高抬腿动作更加有力、迅猛。

在高抬腿跳绳的练习过程中,学生还要学会策略性地提高训练强度。可以通过增加跳绳时间、加快跳绳速度、缩短休息间隔等方式循序渐进地提升高抬腿跳绳的难度和强度。当然,强度提升要遵循科学、合理的原则,切忌急于求成、盲目加压。只有在力量储备和动作熟练度达到一定水平后,才能考虑强度的提高;否则,不但达不到理想的练习效果,还可能由于动作失误出现运动损伤的情况。

三、花式变换技巧

(一)交叉跳训练

在交叉跳训练中,学生需要不断调整手臂摆动的幅度和速度,精准把握跳跃的时机,以实现绳索的交叉变换。这一过程对学生的动作控制能力和身体协调性提出了较高要求。

为了掌握交叉跳技巧,学生首先需要熟练掌握基本的单摇跳和双摇跳。在此基础上,教师可以引导学生尝试单手交叉和双手交叉。单手交叉时,学生的一只手臂保持直立,另一只手臂向内摆动,使绳索在身体正面交叉;双手交叉时,两只手臂同时向内摆动,使绳索在身体正面完成交叉。在练习过程中,教师应该示范标准动作,强调手臂摆动的幅度和力度,引导学生掌握正确的动作要领。

交叉跳训练不仅能够提高学生的协调能力,更能培养其专注力和毅力。在不断的尝试和失败中,学生学会了如何调整策略、克服困难,最终掌握技巧,这种宝贵的品质将伴随他们终生。同时,趣味性的训练方式也能激发学生的运动兴趣,让他们在愉悦的氛围中挑战自我、超越自我。

此外,交叉跳训练中的节奏感和韵律感也为学生的审美发展奠定了基础。交叉跳要求动作与音乐节奏相吻合,学生在反复练习中逐渐培养起对节奏的敏感性和表现力。这种节奏感不仅体现在体育运动中,更渗透到舞蹈、音乐等多个领域,成为学生全面发展的重要因素。

(二)倒退跳训练

倒退跳是花式跳绳中一项重要的基本技巧,它不仅能够提高学生的协调能力和灵敏性,更能培养其勇于挑战、敢于创新的体育精神。在倒退跳训练中,教师应立足学生实际,循序渐进地引导其掌握动作要领,建立正确的动作表象,进而提升其综合运动能力。

教师要帮助学生树立倒退跳的动作概念。与正向跳不同,倒退跳需要学生在向后移动的同时快速摆动跳绳,这对于初学者而言往往难度较大。因此,教师可以采用分解教学法,将完整的倒退跳动作分解为几个关键环节,如跳绳的握持方法、手腕的摆动节奏、脚步的移动方式等,引导学生逐一练习和掌握。在此基础上,教师还应示范标准动作,帮助学生建立直观、准确的动作表象,为后续练习奠定基础。

教师要合理设计倒退跳的练习方案。为了提高学生的学习兴趣和练习效果,教师可以采用游戏化的训练方式设计一些趣味性和挑战性兼备的练习任务。例如,教师可以在场地上布置一些障碍物,要求学生在完成倒退跳的同时躲避障碍;又如,教师可以组织学生进行接力比赛,以倒退跳的形式完成接力任务。这些练习不仅能够激发学生的运动热情,更能促进其在愉悦氛围中掌握倒退跳技巧,提高动作的协调性和灵活性。

教师要关注学生倒退跳动作的规范性。倒退跳对动作的准确性和稳定性有较高要求,稍有偏差就可能影响跳绳的流畅度和节奏感。因此,教师在训练过程中要对学生的动作进行及时指导和纠正,特别是要重点关注其手腕摆动的幅度、频率以及与脚步移动的配合。通过反复练习和不断修正,学生才能逐步掌握规范、标准的倒退跳动作,为后续学习更复杂的花式跳绳技巧打下坚实的基础。

(三)侧身跳训练

教师要向学生讲解侧身跳的基本动作要领。侧身跳的关键在于身体重心的转移和双脚的交替跳跃。学生应该先练习原地侧身跳,掌握双脚交替起跳、落地的节奏。同时,教师要纠正学生动作中的错误,如身体过于僵硬、跳跃时重心不稳等,帮助其建立正确的动作模式。

在学生初步掌握侧身跳技巧的基础上,教师可以引入一些变化和过渡动作,如侧身交叉跳、侧身开合跳等,提高训练的难度和复杂度。这些变化动作不仅能够锻炼学生的协调能力,还能培养其应变能力和创新意识。教师要鼓励学生大胆尝试,找到适合自己的跳跃节奏和风格。

此外,教师还可以将侧身跳与其他花式跳绳技巧相结合,设计出富有变化和挑战性的组合动作。例如,可以将侧身跳与正向跳、后翻跳等动作串联起来,创编出连贯流畅的跳绳套路。这不仅能够增加训练的趣味性,激发学生的学习兴趣,还能促进不同技巧之间的融会贯通,提升学生的综合运用能力。

在侧身跳训练过程中,教师还应该关注学生的身心健康,合理控制运动强度和时间。过度高强度的训练容易导致学生出现肌肉疲劳、关节损伤等问题,而间歇性、分散性的练习则更有利于学生身体机能的恢复和提升。同时,教师要注重培养学生良好的心理素质,鼓励其克服困难、战胜自我,在不断突破中获得成就感和自信心。

四、技巧组合与衔接

(一)连续跳组合

连续跳组合是花式跳绳训练的重要内容之一,它将不同的基本跳跃技巧和花式变换技巧有机串联,形成一套完整、流畅、富有艺术表现力的动作序列。掌握连续跳组合的编排与练习方法对于提升学生的身体协调性、节奏感和艺术审美能力具有重要意义。

在连续跳组合的编排过程中,教师应充分考虑动作的衔接性和合理性。一个优秀的连续跳组合动作切换应当自然流畅,避免出现生硬、僵直的衔接。这就要求教师在编排时要根据动作的难度、节奏、方向等因素,精心设计动作的先后顺序和过渡方式。例如,可以利用重心转移、摆臂等技巧,实现动作之间的平滑过渡;又如,可以通过改变跳绳的高度、速度、方向等,增加组合的变化性和艺术表现力。总之,连续跳组合的编排应遵循动作衔接的内在逻辑,使整套动作展现出和谐统一、张弛有度的美感。

在连续跳组合的练习过程中,循序渐进、螺旋上升的原则至关重要。学生初次接触连续跳组合时,往往会感到困难重重,动作衔接不够熟练连贯。对此,教师应引导学生先将组合分解为若干个小的动作单元,如"原地跳 + 交叉跳""开跳 + 并腿跳"等,进行反复练习,待熟练掌握后再逐步组合起来。在这个过程中,教师还应注重对学生的鼓励,增强其克服困难的信心。当学生初步掌握完整组合后,教师可以引导其在此基础上进行创编,如改变动作的顺序、增加一些新的动作等,培养学生的创新意识。通过不断重复练习和创编,学生的动作质量和艺术表现力就会得到显著提升。

(二)变换节奏衔接

在花式跳绳中,节奏的变换与衔接是一门高深的艺术,需要学生在掌握基本技巧的基础上不断探索和创新。

教师应引导学生理解节奏变换的内在规律。不同的音乐风格和旋律都蕴含着特定的节奏模式。学生只有深入领会音乐的内在律动,才能在跳绳过程中自如地变换节奏。为此,教师可以选取不同风格的音乐作为教学素材,如轻快明朗的儿歌、激昂澎湃的进行曲、优雅抒情的华尔兹等,引导学生感受其中的节奏变化。同时,教师还可以通过肢体动作和语言示范帮助学生建立起音乐节奏与跳绳动作之间的联系,加深其对节奏变换的直观理解。

教师应设计多样化的节奏变换练习,提高学生的实践能力。在前期训练中,教师可以先引导学生在固定的节拍下完成基本跳绳动作,如每 8 拍进行一次单摇跳、双摇跳等,帮助其建立起稳定的节奏感。在此基础上,教师可以逐步引入节奏变换元素,如突然加快或放慢跳绳速度、改变跳跃方式和摇绳幅度等,增强练习的难度和挑战性。同时,教师还可以创设情境,如模拟不同音乐场景下的跳绳表演,引导学生根据音乐的情绪和韵律灵活调整动作,提高其临场应变能力。

教师应鼓励学生进行节奏衔接的创新探索。节奏的变换与衔接不应局限于既定模式,而应根据音乐的特点和表现需要进行灵活处理。为此,教师可以为学生提供充分的自主练习时间,鼓励他们尝试不同的节奏组合方式,如快-慢交替、强-弱对比、断奏-连奏衔接等,发掘更多富于创意的节奏变换可能性。同时,教师还可以组织学生开展分组练习和互评活动,引导他们相互欣赏、借鉴彼此的创意,在交流碰撞中实现节奏衔接水平的共同提升。

(三)多人协作衔接

在多人协作跳绳中,只有每个队员都紧密配合,精准把握节奏,才能完成流畅、连贯的动作衔接。这对于提升团队凝聚力、培养学生的协作意识和集体荣誉感具有重要意义。

要实现高质量的多人协作衔接,首先需要队员之间建立起默契的配合关系。这种默契不是一蹴而就的,而是需要通过反复训练、不断磨合才能形成的。在训练过程中,教师应注重引导学生相互沟通,及时调整彼此的节奏和动作,直到达成高度一致。同时,教师还应营造"一荣俱荣、一损俱损"的团队氛围,强化学生的集体意识,使其意识到个人的表现与团队的成败休戚与共。只有每个队员都怀着强烈的责任感和使命感,才能在比赛中齐心协力、勇往直前。

实现多人协作衔接还需要科学合理的编排和设计。教师应根据学生的跳绳能力和特点,因材施教地编排动作难度和衔接方式。对于初学者,可以采用相对简单的交叉跳、迂回跳等衔接方式,待学生基本掌握后再逐步增加难度。而对于基础较好的学生,则可以尝试更富有挑战性的翻腾跳、空翻等高难度衔接方式。无论采取何种衔接方式,都需要遵循循序渐进、由易到难的原则,切忌急于求成。

与此同时,多人协作衔接还对队员的心理素质提出了更高要求。比赛场上瞬息万变,任何一个细微失误都可能导致团队产生连锁反应。这就要求队员必须具备良好的心理调节能力,能够在压力下保持冷静,及时调整状态。教师应通过情景模拟、心理辅导等方式加强学生的抗压能力和自我调节能力,使其在比赛中能够沉着应对、从容不迫。

第三章　现代高校花式跳绳训练方法

第一节　分解训练法

一、分解训练法的基本原理与应用

(一)基本原理

在分解训练法的基本原理中,最核心的理念就是将复杂的动作技术分解为若干个相对简单的动作单元,通过反复练习这些基本单元,最终达到掌握整个动作技术的目的。这种训练方法建立在人体运动学习规律的基础之上,充分考虑了动作技能形成的认知机制和生理机制。

从认知角度来看,分解训练法符合人类信息加工的特点。面对一项复杂的运动技能,初学者往往难以一蹴而就,很难同时关注动作的多个方面。而分解训练法将整体动作划分为若干个组成部分,每次只专注于一个动作单元的学习,这大大降低了认知负荷,使得学习者能够更加专注,避免了注意力过度分散。同时,经过分解的动作单元往往具有一定的独立性和完整性,易于学习者理解和掌握,从而提高了学习效率。

从生理机制的角度来看,分解训练法有利于建立正确的动作定型。运动技能的习得依赖于神经肌肉系统协调性的提高,需要通过反复练习形成稳定的神经通路。如果一开始就练习完整的复杂动作,由于动作失误频繁,容易建立错误的动作定型,不仅影响学习效果,还可能增加受伤风险。而分解训练法将动作技术分解为若干个简单动作,通过针对性的反复练习,有助于学习者在神经系统中建立正确的动作程序,形成精准而稳定的肌肉记忆,为完整动作的学习奠定坚实的基础。

(二)应用场景

分解训练法在花式跳绳训练中有着广泛的应用场景。无论是初学者还是高水平学生,都可以借助分解训练来提升技术水平和动作质量。对于初学者而言,花式跳绳动作往往较为复杂,涉及手脚的协调、节奏的把握、身体的控制等多个方面。如果一开始就练习完整动作,很容易产生挫败感,影响学习积极性。而采用分解训练法则可以将一个完整的动作拆解为若干个简单的环节,逐一进行练习。例如,在学习双脚交叉跳时,可以先单独练习原地踏步的节奏,再练习双脚交叉的动作,最后将二者结合起来。这样,学生就能在掌握基本动作要领的基础上循序渐进地提高协调性和完成动作的能力,从而更快地掌握整个跳绳技巧。

对于高水平学生来说,分解训练同样不可或缺。花式跳绳运动不断向着高难度、高艺术性的方向发展,创新动作层出不穷。即便是技术成熟的学生,在学习新动作时也难免会遇到瓶颈。这时,运用分解训练法,将新动作分解为几个关键环节进行针对性练习,可以帮助学生更快地掌握动作要领,突破技术难关。同时,分解训练还能帮助学生发现并改进动作中的不足之处,如手脚配合的精确性、动作的高度和幅度控制等,从而不断优化和完善动作质量,提升竞技水平。

此外,分解训练法在花样跳绳教学中也有独特的优势。在教学过程中,教师可以根据学生的实际水平和学习特点灵活地将动作分解为不同的练习环节。对于基础较弱的学生,教师可以将动作分解得更细,进行更为基础的训练;而对于基础较好的学生,则可以适当增加分解环节的难度和复杂性,满足其提高的需求。这种因材施教的教学方式,不仅能够提高教学效果,也有利于调动学生的学习积极性,营造良好的课堂氛围。

二、动作细节分解与逐步练习

(一)动作分解步骤

动作分解是花式跳绳训练的关键环节,它以整体动作为基础,将动作细化为一个个易于掌握的基本单元。通过对这些基本单元的反复练习和熟练掌握,学生能够更高效、更精准地完成整套动作。在实际教学中,教师应根据动作的复杂程度和学生的认知特点,采取循序渐进的方式进行分解。

对于较为简单的动作,教师可以采用"整体示范—局部分解—整体练习"的模式。首先,教师完整地示范一遍动作,让学生对动作的整体结构有一个直观的认识。然后,教师将动作分解为几个关键步骤,并对每个步骤进行详细讲解和示范。学生在掌握各个步骤后,再将它们连贯起来,完成整个动作。这种分解模式强调动作各部分之间的内在联系,有助于学生建立完整的动作流程。

而对于较为复杂的动作,教师则需要采用更为细致的分解策略。一方面,教师要将动作分解为更多的基本单元,使每一个单元都易于理解和操作;另一方面,教师还要注重不同单元之间的衔接和过渡,确保动作的连贯性和流畅性。在教学过程中,教师应鼓励学生反复练习每一个基本单元,并给予及时的反馈和纠正。只有打好基础,才能为完成整套动作奠定坚实的基础。

(二)逐步练习方法

在花式跳绳动作分解训练的基础上,教师要引导学生进行逐步练习,帮助他们循序渐进地掌握各个动作要领。在逐步练习的过程中,教师需要把握以下几点。

第一,教师要合理安排练习的难度梯度。动作分解后的各个环节在协调性、力量、灵敏性等方面对学生的要求不尽相同。教师应根据学生的身体素质和运动基础科学设置练习内容的难度,避免出现难度过大导致学生有畏难情绪,或难度过低影响学习进度的情况。通常可以采取由易到难、由简单到复杂的方式安排练习任务,让学生在循序渐进中增强信心,提高能力。

第二,教师要关注动作之间的衔接与过渡。花式跳绳的一个重要特点就是动作之间的连贯性和流畅性。单个动作的分解练习固然重要,但如果忽视了动作之间的衔接,就难以形成完整、连贯的跳绳套路。因此,在逐步练习中,教师应适时引导学生关注动作的承接,通过慢速示范、重点强调等方式帮助学生理解并掌握动作之间的过渡技巧,逐步提升动作的连贯性。

第三,教师要注重个体化的指导和反馈。由于学生的身体条件、运动经历各不相同,他们在逐步练习中遇到的困难也会有所差异。教师要充分发挥"教师"的作用,针对不同学生的特点,提供个性化的指导:对于基础较好的学生,可以适当提高练习强度和难度;对于基础较弱的学生,则要给予更多的鼓励和帮助,帮其补齐短板、跨越障碍。同时,及时的反馈也很重要。教师要通过言语表扬、动作示范等多种方式肯定学生的进步,指出不足,引导其调整练习策略、优化动作表现。

三、分解训练在技巧提升中的应用

(一)技巧提升策略

教师需要对目标技巧进行全面分析,将其拆解为若干个关键动作要素。这些要素可以是跳绳的基本动作,如摇绳、跳跃、移位等,也可以是高难度技巧中的关键节点,如空中姿态、手臂配合等。通过系统梳理,教师能够为学生构建一个清晰、有序的练习路径。在此基础上,教师还要考虑动作要素之间的内在联系,合理安排练习顺序,避免学生在练习过程中出现盲目和混乱。

在分解训练的实施阶段,教师要根据学生的个体差异,提供有针对性的指导。对于基础较弱的学生,教师可以将动作分解得更加细致,突出每个动作要素的重点,并通过反复练习帮助其巩固基本功;对于基础较好的学生,教师则可以适当增加动作的难度和复杂程度,引导其挑战更高水平的技巧。同时,教师还要注重学生的身心感受,及时调整训练节奏和强度,让学生在轻松愉悦的氛围中享受练习的乐趣。

在分解训练的基础上,教师还要引导学生逐步过渡到完整动作的练习。这个过程需要循序渐进,可以先从动作要素的简单组合入手,逐渐增加组合的难度和完整性。教师要鼓励学生大胆尝试,克服畏难情绪,体会挑战自我、超越自我的快乐。同时,教师也要帮助学生分析失败的原因,总结经验教训,调整练习策略,保持积极乐观的心态。学生只有在分解练习和完整练习的反复磨合中才能真正掌握复杂技巧的精髓,提升自己的综合能力。

(二)应用实例

在实践中,教师可以根据学生的身体素质、协调能力等因素选择恰当的动作进行分解训练。例如,对于二重跳这一技巧,教师可以将其分解为原地跳、摆臂、跳跃等基本动作,引导学生逐一掌握。在此基础上,再逐步将动作组合起来,最终完成完整的二重跳动作。

在分解训练过程中,教师还应注重动作要领的讲解和示范。以"交叉开跳"为例,教师可以通过言语描述和动作演示向学生说明握绳方式、摆臂幅度、起跳时机等关键要点。同时,教师还可以利用慢动作示范、分解示范等方式帮助学生直观地理解动作细节。这种讲解示范与分解练习相结合的方式能够加深学生对动作技术的理解,提高其模仿和掌握能力。

分解训练法的另一个应用策略是针对学生在练习中出现的共性问题进行有针对性的训练。例如,许多学生在练习侧身跳时容易出现身体摆动过大、绳速过慢等问题。针对这些问题,教师可以设计一系列分解练习,如控制身体摆动幅度的练习、提高摆绳速度的练习等,帮助学生克服动作障碍。通过反复地分解练习和纠错,学生能够逐步改进动作,掌握正确的技术要领。

第二节　循环训练法

一、循环训练法的定义与特点

(一)定义

从概念上来看,循环训练法是指在一个训练周期内,通过科学安排不同性质、不同负荷的训练手段,使学生的身体机能得到全面发展的一种训练方法。它强调训练内容的多样性和全面性,注重不同训练手段之间的有机结合,以达到提高学生综合竞技能力的目的。与传统的单一训练方法相比,循环训练法更加注重训练效果的持久性和稳定性,能够使学生的身体素质和专项技术得到长期、稳定的提高。

在花样跳绳运动中,循环训练法通常包括体能训练、技术训练、模拟比赛等多个环节。其中,体能训练是循环训练的基础,主要包括力量训练、耐力训练、速度训练等内容。通过科学安排不同肌群的力量练习,提高学生的爆发力、速度和灵敏性;通过长时间、大强度的耐力练习,增强学生的心肺功能并提高耐力水平;通过反复进行短距离、高强度的速度练习,提高学生的最大速度和加速能力。技术训练是循环训练的核心,主要包括基本技术训练、难度技术训练、动作连接训练等内容。通过反复练习各种基本动作,使学生掌握花样跳绳的基本技巧;通过分解练习各种高难度动作,提高学生的动作质量和完成难度;通过反复练习动作之间的衔接,提高学生的动作连贯性和协调性。模拟比赛则是循环训练的检验,主要包括模拟正式比赛的场地、规则、气氛等,以提高学生的比赛经验和心理素质。

(二)特点

循环训练法是一种高效的训练方法,它结合了全面性、针对性和灵活性三大特点,为高校花式跳绳训练提供了有力的支持。这种方法不仅注重学生身体素质的全面提升,还强调根据个体情况进行有针对性的训练,同时保持训练计划的灵活调整,以适应不同的训练环境和需求。

全面性体现在循环训练能够综合提高学生的身体素质和专项技术。通过精心设计训练内容和方案,循环训练可以针对速度、力量、耐力、协调等多个体能要素,以及单摇跳、交叉跳、迂回跳等各种跳绳动作进行全方位训练。这种多维度、立体化的训练模式有利于提升学生的整体竞技水平,为高难度动作打下坚实基础。

循环训练法的针对性主要表现在两个方面:一方面,教师可以根据学生的个体差异,有针对性地制订训练计划。合理搭配不同强度、不同类型的训练项目,循环训练能够"对症下药",重点改善学生的薄弱环节,提高其专项能力。另一方面,循环训练能够模拟比赛中的实际状态,为学生营造逼真的竞技氛围。在训练中穿插设置与比赛难度和节奏相近的练习,能够有效提升学生的抗压能力和心理素质,为上场比赛做好充分准备。

灵活性是循环训练法的另一大优势。与传统的单一、机械化训练相比,循环训练的方案设计更加灵活多变。教师可以根据训练目标和学生状态,及时调整训练内容和负荷,做到因材施教、因时制宜。同时,循环训练通过快速切换不同练习,能够有效避免单调乏味,提高学生的训练积极性。这种灵活、高效的训练方式不仅能够最大限度地发挥学生的潜能,也有利于培养其自主学习、自我管理的意识和能力。

二、循环训练计划设计与实施

(一)制订计划

制订循环训练计划是实现现代高校花式跳绳训练目标的关键环节。科学、系统的训练计划能够有效提高学生的身体素质、技术水平和心理素质,为训练效果的最大化奠定坚实基础。在制订循环训练计划时,教师需要全面考虑学生的个体差异、训练周期、比赛流程等多重因素,因材施教,因时制宜,最终形成一套切实可行、行之有效的训练方案。

学生的个体差异是制订循环训练计划时必须考虑的首要因素。不同学生在身体条件、技术特点、心理特质等方面存在较大差异。教师要深入了解每一名学生的优势和不足,结合其发展潜力,量身定制个性化的训练计划。对于身体素质较好的学生,可以适当增加训练强度和难度,挖掘其潜力上限;对于技术基础薄弱的学生,则需要在计划中突出基本功训练,夯实技术根基;对于比赛经验不足的学生,还应加强心理辅导和模拟训练,提高其抗压能力和临场发挥水平。只有充分尊重学生的个体差异,循环训练计划才能真正做到因材施教,最大限度地发掘每一名学生的潜能。

合理划分训练周期是制订循环训练计划的又一重点。花式跳绳运动对身体素质和技术水平都有较高要求,学生只有经过长期、系统的训练才能达到较高水平。因此,在制订训练计划时,教师要综合考虑赛季安排、备战节奏等因素,将训练过程划分为合理的阶段和周期。通常,一个完整的训练周期包括准备期、比赛期和过渡期三个阶段。在准备期,训练重点放在身体素质和基本功的提升上,为比赛期的技术磨合奠定基础;在比赛期,训练内容以专项技术为主,强调动作的精细化和配合的默契度;在过渡期,训练强度适当降低,注重身心调整和恢复,为新一轮训练周期做好准备。教师要根据每个阶段的特点合理设置训练项目和负荷,确保训练的连贯性和渐进性。

精准对接比赛计划也是制订循环训练计划时需要重点考虑的因素。花式跳绳运动的竞技水平日新月异,大型赛事频繁举办。为了在重要比赛中取得优异成绩,教师必须在制订训练计划时充分了解赛事的时间、地点、规则等信息,提前做好备战工作。针对不同级别和类型的比赛,训练计划的侧重点也应有所不同。对于省级、国家级等高水平赛事,训练计划要更加细化和专业化,强调动作难度和完成质量;对于地市级、校际等普通赛事,训练计划则可以更加灵活多样,兼顾技术提高和趣味体验。同时,在临近比赛时,教师还要根据学生的竞技状态及时调整训练计划,确保学生以最佳的状态出战赛场。

(二)实施步骤

循环训练法的实施是一个系统而复杂的过程,需要教师根据训练目标、学生特点和训练条件等因素精心设计和组织每个环节。教师应根据花式跳绳项目的特点和学生的身体素质、技术水平确定合理的训练周期和训练负荷。一般来说,循环训练周期可以分为准备期、比赛期和过渡期,每个时期的训练重点和安排都有所不同。

在准备期,教师应着重提高学生的基础体能和专项身体素质,如速度、力量、耐力、柔韧性等,为后续的技术训练打下良好基础。同时,要开始进行一些基本技术动作的训练,如基础跳、交叉跳、后摆跳等,帮助学生掌握正确的动作要领和节奏感。

在比赛期,教师应根据比赛的具体要求有针对性地安排训练内容。这一阶段的训练强度较大,以专项技术训练为主,如高难度动作练习、连接技术磨合、整套动作完善等。同时,要进行一定的体能维持训练,保证学生在比赛中能够充分发挥出自己的实力。在这一阶段，教师还要注重培养学生的心理素质（如自信心、意志力、抗压能力等），帮助其以最佳的竞技状态参赛。

过渡期是比赛结束后的恢复阶段，训练强度相对较低，主要目的是让学生得到充分休整，消除比赛带来的疲劳和压力。这一时期的训练内容以恢复性练习为主，如放松性的跑步、游泳、球类运动等，同时要进行一些力量练习和柔韧性练习，为下一个训练周期做好准备。

在具体实施循环训练时，教师要合理安排每个训练单元的时间和强度，既要保证训练效果，又要防止学生出现过度疲劳或受伤的情况。一般来说，每个训练单元可以包括准备活动、基本技术练习、专项技术练习、体能练习和放松活动等几个部分。准备活动主要是通过慢跑、体操等方式，让学生的身体逐步进入训练状态；基本技术练习是巩固和提高学生的基础技术，如单摇跳、交叉摇跳、侧摆跳等；专项技术练习是针对比赛内容进行的强化训练，如高难度动作的分解练习、连接技术的配合练习等；体能练习是根据花样跳绳运动的特点，有针对性地提高学生的速度、力量、耐力等身体素质；放松活动是在训练结束后，通过慢走、拉伸等方式，帮助学生缓解肌肉疲劳，加速身体恢复。

在实施循环训练的过程中，教师还要注重对学生的心理辅导和技术指导。一方面，要通过言语鼓励、目标激励等方式，增强学生的自信心和训练动力，帮助其克服困难，不断进步；另一方面，要根据学生在训练中出现的问题，及时给予针对性的技术指导和纠正，提高训练的针对性和有效性。例如，如果学生在练习高难度动作时总是出现失误，教师就要分析其原因，是力量不够、协调性欠佳，还是心理素质不过关。根据具体情况，采取相应的训练方法和策略，如增加力量练习、多做协调性练习或者进行心理辅导等。

（三）注意事项

在循环训练的实践过程中，教师和学生需要注意以下几个关键问题，以确保训练效果的最大化。

制订训练计划应遵循科学性、系统性和针对性原则。教师需要全面评估学生的体能水平、技术特点和心理状态，根据训练周期和比赛计划，合理安排训练项目、训练量和训练强度。同时，训练计划应具有一定的灵活性和适应性，能够根据学生的实际状态进行动态调整。

在训练过程中应重视肌肉力量和耐力的均衡发展。花式跳绳运动需要学生具备良好的下肢力量和核心力量，以完成高难度的跳跃动作和复杂的手绳配合。

但过度追求力量训练,忽视耐力训练,容易导致学生出现疲劳和损伤。因此,教师需要合理搭配力量训练和耐力训练,并随着训练阶段的推进逐步提高训练强度。

技巧训练应遵循循序渐进、由易到难的原则。花式跳绳的技巧动作种类繁多,难度各异。教师需要根据学生的技术水平,先重点突破一些基本技巧,打好动作基础,再逐步过渡到高难度技巧练习。在技巧训练中,应重视动作的规范性和稳定性,强调手脚配合的协调性。同时,教师要引导学生建立正确的技巧概念,理解每个动作的重点和要领,形成清晰的动作表现。

此外,循环训练中应加强柔韧素质和协调素质的训练。良好的柔韧素质有助于学生完成高难度、大幅度的跳跃和舞蹈动作,预防运动损伤的发生。而协调素质则直接影响着学生手脚配合、左右手交替、跳绳节奏把握等方面的表现。教师可以设计一些专项柔韧训练和协调训练,并将其融入整个训练计划中。

三、循环训练在体能与技巧提升中的作用

(一)体能提升

循环训练法在提升花式跳绳学生体能方面发挥着关键作用。体能是花式跳绳项目的基础,直接影响学生技术动作的完成质量和比赛成绩。循环训练法通过精心设计训练计划,合理安排不同体能要素的训练比重和顺序,能够最大限度地发挥训练效果,促进学生体能的全面提高。

具体而言,循环训练法对花式跳绳学生的心肺功能具有显著的改善作用。通过反复交替进行跳绳、跑步、箭步跳等有氧训练项目,学生的心肺耐力得到持续提升,为高强度比赛提供了有力保障。同时,循环训练法还有助于增强学生的肌肉力量和爆发力。通过引体向上、俯卧撑、负重训练等力量练习,学生的上肢、腰腹和下肢肌群得到全面发展,这为完成高难度技术动作奠定了坚实基础。此外,循环训练法还能有效改善学生的柔韧素质。通过将不同形式的拉伸运动穿插于各训练环节之间,学生的关节灵活性和肌肉弹性不断提高,这不仅能够预防运动损伤,更有利于优化动作姿势,提升表现的艺术性。

循环训练法对花式跳绳学生体能提升的贡献还体现在对学生身体适应能力的培养上。通过反复交替进行不同类型、不同强度的训练,学生的身体逐渐适应了大强度、高密度的训练负荷,疲劳耐受能力显著增强。这种身体适应性的提高,不仅让学生能够完成更长时间、更高强度的训练,也让他们在比赛中能够始终保

持最佳的竞技状态,发挥出色的体能优势。

(二)技巧提升

循环训练通过精心设计的训练内容和科学的负荷安排,使学生在较短时间内反复练习关键技术动作,不断强化肌肉记忆,提高动作的准确性、协调性和流畅性。这种高强度、高密度的训练方式能够迅速提升学生的技术水平,帮助其掌握复杂的花式跳绳动作。

具体而言,循环训练法在技巧提升中的作用主要体现在以下几个方面。

第一,循环训练能够针对性地改善学生的协调能力。花式跳绳是一项对身体协调性要求极高的运动,需要学生在快速跳跃的同时完成各种翻转、转体、交叉等高难度动作。而循环训练法恰恰能够通过反复、特定的协调性练习(如双脚交替跳、手脚配合等)有效提高学生的身体控制能力和肢体协调能力。长期坚持循环训练,学生的动作完成质量和稳定性都会得到显著提升。

第二,循环训练有助于增强学生的动作记忆能力。花式跳绳的许多动作都具有较高的技术难度,需要学生在短时间内完成一系列复杂的肢体动作。通过循环训练反复练习这些关键动作,学生的神经肌肉系统能够形成牢固的运动记忆,使得动作的完成更加自然、连贯。这种肌肉记忆的建立不仅能够提高动作的准确性,还能够减少学生的认知负荷,使其在比赛中能够更加专注地投入动作表现。

第三,循环训练能够促进学生动作的标准化和规范化。通过多次重复练习标准动作,学生能够深刻理解动作的力学原理和运动规律,并不断修正错误的动作细节。教师也能够在循环训练中及时发现并纠正学生的动作缺陷,保证训练质量。久而久之,学生的动作会变得越来越标准、越来越规范,为完成高质量的比赛套路奠定坚实基础。

第四,循环训练还能够提高学生的抗干扰能力和比赛适应能力。通过设置一定的干扰因素,如增加噪声、变换场地等,循环训练可以模拟比赛环境,让学生提前适应比赛的氛围和节奏。同时,高强度、高密度的训练能够锻炼学生的心理承受能力,使其在面对比赛压力时能够更好地调节情绪,发挥出自己的最佳水平。

四、循环训练中的休息与恢复策略

(一)休息时间安排

在循环训练中,合理安排休息时间对于提高训练效果、预防运动损伤具有重要意义。休息时间过短会导致学生疲劳累积,难以完成高质量的训练;而休息时间过长则会降低训练强度,影响训练效果。因此,教师应根据训练目标、学生个体差异等因素科学设置休息时间。

通常情况下,安排休息时间需要遵循以下原则:首先,要考虑训练项目的特点。不同的训练项目对身体各系统的刺激强度和持续时间不同,因而所需的休息时间也有所差异。例如,力量训练后的休息时间一般长于有氧训练,因为前者对肌肉和神经系统的刺激更大,需要更充分的恢复。其次,要兼顾个体差异。即使是同一训练项目,不同水平、不同体能状况的学生所需的休息时间也会有差异。优秀学生的恢复能力往往更强,休息时间可以适当缩短;而新手或体能较差者则需要更长的休息时间。此外,还要权衡训练强度和密度。在保证学生充分恢复的前提下,适当缩短休息时间、提高训练密度,有助于提升训练效果。但同时要警惕过度训练的风险,避免运动损伤的发生。

在实际训练中,可以采用多种方式灵活安排休息时间。一种常见的做法是渐进式延长休息时间,即在训练初期设置较短的休息时间,随着学生适应性的提高逐步延长休息时间。这种方式可以在保证训练强度的同时循序渐进地提高学生的耐力水平。另一种做法是根据学生的主观感受调整休息时间。教师可以通过观察学生的表现,并与其沟通,及时了解其疲劳程度,据此动态调整休息时间。此外,利用心率监测等客观指标对学生的生理状态进行实时评估也是优化休息时间的有效手段。

(二)恢复方法

被动恢复是最简单、最常用的恢复方式。它主要包括合理的作息时间安排、均衡的饮食、适度的放松活动等。科学的作息时间安排能够保证学生获得充足的睡眠,睡眠不仅能够消除疲劳,还能促进身体的自我修复。同时,在日常训练之余还应该给学生适当安排一些放松性的休闲活动(如听音乐、阅读、散步等),以缓解精神压力,放松紧张的神经。均衡的饮食则能够为机体提供各种必需的营养成分,满足能量需求,加速疲劳物质的代谢与清除。值得注意的是,被动恢复虽然简便易行,但恢复效果相对有限,往往难以满足高强度训练的需要。

主动恢复是在被动恢复的基础上采取一些专门的恢复手段,如康复训练、物理治疗、心理辅导等。康复训练主要包括一些低强度、大肌群的练习,如慢跑、游泳、瑜伽等,这些练习能够加速乳酸等代谢废物的清除,加快血液循环,促进肌肉放松。物理治疗则利用各种现代技术(如冷敷、热敷、按摩、针灸、电疗等)针对性地缓解局部肌肉的疲劳和酸痛,加快损伤组织的修复。研究结果表明,科学的物理治疗能够显著缩短学生的恢复时间,提高训练和比赛的成绩。此外,心理辅导也是主动恢复中不可忽视的内容。高水平的花式跳绳学生往往承受着巨大的心理压力,容易出现焦虑、抑郁等消极情绪,这不仅影响训练效果,还可能诱发各种心理障碍。因此,通过心理辅导帮助学生疏导情绪、调整心态对于维护其心理健康、提高比赛表现具有重要意义。

需要强调的是,恢复训练的效果因人而异,教师需要根据学生的个体差异、项目特点、训练周期等因素制定针对性的恢复策略。例如:对于一些恢复能力较差的学生,可以适当延长恢复时间,降低训练强度;对于一些比赛日程紧凑的队员,则需要采取更加积极主动的恢复手段,如增加按摩次数、使用冰敷等,以使其尽快恢复最佳竞技状态。

总之,循环训练中的科学恢复能够有效避免学生出现过度疲劳、能力下降等问题,进而保证训练效果的最大化。这不仅需要教师在专业知识水平和实践经验方面不断提升,更需要学生自身树立恢复意识,养成良好的生活习惯,只有二者形成合力,才能真正实现运动成绩和健康水平的双提高。

(三)预防过度训练

过度训练是运动训练中一个频繁出现但又容易被忽视的问题。它不仅会影响学生的身心健康,降低训练效果,更可能导致严重的运动损伤。因此,在现代高校花式跳绳训练中,预防过度训练显得尤为重要。

教师要科学制订训练计划,合理安排训练强度和频率。制订训练计划需要全面考虑学生的身体状况、训练水平、比赛安排等因素,既要保证训练的针对性和有效性,又要避免盲目追求训练量而忽视学生的承受能力。通过定期监测学生的身体机能指标(如心率变异性、血乳酸水平等),教师可以及时掌握学生的疲劳程度,调整训练计划。

加强学生的身体素质训练,提高其抗疲劳能力。良好的身体素质是预防过度训练的重要基础。教师应根据花式跳绳运动的特点有针对性地开展力量、耐力、柔韧等素质训练,并随着训练的进行逐步提高训练强度。同时,还要重视核心力量训练,提高学生的稳定性和平衡能力,降低运动损伤的风险。

注重训练过程中的科学监控。现代运动训练技术为预防过度训练提供了有力工具。通过在训练现场应用心率监测、生化指标分析、主观感觉量表等手段,教师可以全面评估学生的生理和心理状态,及时发现过度训练的征兆。一旦发现问题,要适时调整训练计划,给予学生充分的休息和恢复。

培养学生良好的自我管理意识。预防过度训练需要教师和学生的共同努力。教师要加强对学生的教育,帮助其树立科学的训练理念,提高自我监控和管理能力。学生要学会倾听自己身体的声音,如感到过度疲劳、睡眠质量下降、食欲不振等,要及时向教师反馈,调整训练计划。

第三节　模拟比赛训练法

一、模拟比赛训练法的意义与价值

(一)提升竞技水平

模拟比赛训练法在提升花式跳绳学生竞技水平方面发挥着不可替代的作用。通过科学设置接近真实比赛的场景,学生能够全方位体验比赛氛围,提前适应比赛节奏,从而在正式比赛中发挥出最佳状态。这种训练方法不仅能够帮助学生巩固基本技术动作,提高动作的准确性和稳定性,更能锻炼其心理素质,培养出顽强拼搏、沉着应变的比赛作风。

从技术层面来看,模拟比赛训练法能够有效提升学生的专项技术水平。在模拟比赛中,学生需要在高强度、高压力的环境下完成各种难度动作,这对其协调性、灵敏性、耐力等身体素质提出了更高要求。通过反复练习,学生的肌肉记忆得到增强,动作的流畅性和准确性也会显著提高。同时,教师可以根据模拟比赛中暴露出的问题有针对性地调整训练计划,帮助学生查缺补漏,不断完善技术动作。

从心理层面来看,模拟比赛训练是提升学生心理素质的有效途径。比赛时的紧张情绪、来自对手的强大压力都是影响学生发挥的重要因素。在模拟比赛中,学生可以提前体验这种压力,学会如何调节自己的情绪,保持冷静和专注。通过多次模拟,学生能够逐渐建立起自信并培养出抗压能力,形成积极乐观、永不言弃的比赛心态。这种宝贵的心理品质将成为他们在重大赛事中披荆斩棘、勇创佳绩的精神力量。

此外,模拟比赛训练法还能促进学生团队协作能力的提升。花式跳绳既有个人项目,也有团体项目。在集体比赛中,学生之间的默契配合至关重要。通过模拟团体赛的场景,学生能够加深对彼此的了解,学会如何相互鼓励、相互支持。在紧张激烈的比赛氛围中,他们能够迅速调整状态,与队友协同作战,展现出团结一致、众志成城的精神风貌。

(二)增强心理素质

在花式跳绳训练和比赛中,学生经常面临巨大的心理压力。这种压力可能来自对比赛结果的担忧、对失误的恐惧,或者对自我能力的怀疑。如果学生无法有效缓解这些压力,很可能会影响发挥,甚至导致比赛失利。模拟比赛训练法正是帮助学生克服心理障碍、提升心理素质的有效手段。

模拟比赛训练法通过在训练中设置与真实比赛相似的场景和氛围,让学生提前适应比赛环境,熟悉比赛流程,从而缓解了比赛时的陌生感和紧张感。在模拟比赛中,学生可以体验到真实比赛的压力和挑战,学会如何调整心态,保持专注。这种经历能够增强学生的心理耐受力,提高其抗压能力。

此外,模拟比赛训练法还能够帮助学生建立自信心。在模拟赛中取得好成绩,能够让学生认识到自己的实力和潜力,增强自我效能感。而即便在模拟赛中遭遇挫折,教师也可以及时给予指导和鼓励,帮助学生总结经验教训,维护其自尊心。长期的模拟比赛训练能够让学生形成积极乐观的心态,坚定勇往直前的信念。

更重要的是,模拟比赛训练法为学生提供了宝贵的心理体验。在比赛中,学生难免会经历焦虑、恐惧、沮丧等负面情绪,而在模拟赛中经历这些情绪,学生能够觉察和接纳自己的感受,而不是逃避或压抑。同时,教师可以引导学生学习有效的情绪调节策略,如深呼吸、肌肉放松等。经过反复的体验和练习,学生的情绪管理能力必将得到提升。

二、模拟比赛场景设置与要求

(一)场地布置

在布置场地时,教师需要综合考虑比赛项目特点、学生能力水平、训练目标等因素,合理规划和设计训练空间,营造逼真的比赛氛围。只有科学、细致地完成场地布置工作,才能为学生提供高质量的模拟比赛体验,帮助其更好地适应正式比赛环境,提升竞技水平。

从比赛项目特点来看,不同的花式跳绳项目对场地的要求各不相同。例如:速度类项目需要相对宽阔、平整的场地,以便学生充分发挥速度优势;难度类项目则对场地的弹性和缓冲性有更高要求,以降低学生受伤风险。因此,在布置场地时,教师要全面了解各个项目的技术特点和场地需求,因地制宜地开展工作。例如:对于速度类项目,可以选择木地板或塑胶跑道等具有良好弹性和抓地力的场地材料;而对于难度类项目,则可以铺设厚实的海绵垫或弹簧地板,以吸收学生下落时的冲击力。

学生的能力水平是布置场地时需要重点考虑的因素。对于初学者而言,场地布置应尽量简单明了,避免设置过多障碍物或干扰物,以便其专注于动作的练习和掌握。而对于高水平学生,场地布置则可以适当增加难度和挑战性,模拟比赛中可能出现的各种复杂情境(如狭小空间、不平整地面、炫目灯光等),以提高其应变能力和心理承受力。此外,针对不同水平的学生,场地的空间大小、器材配置也应有所区别。一般来说,低水平组可以安排相对较小的训练场地和少量基本器材;而高水平组则需要更大的活动空间和专业化器材,以满足其高强度训练需求。

训练目标设定也会影响场地布置的方案。如果训练目标是提高速度,那么在场地布置时就要为学生留出充足的助跑空间,同时尽量减少转弯、避让等动作,以保证其发挥出最佳速度水平;如果训练目标是提高难度动作完成质量,那么在场地布置时就要重点关注学生的腾空高度和空间感,合理设置起跳器材和缓冲设施,确保动作的安全性和完成度;如果训练目标是培养团队协作能力,那么在场地布置时就要突出互动性和趣味性,设计多人协同完成的游戏或任务,在娱乐中加强学生之间的默契和信任。

值得一提的是,在场地布置过程中,安全始终是第一位的。教师要对场地进行全面的安全检查,排除一切潜在的危险因素。例如,要仔细检查地面是否平整防滑,器材是否牢固完好,照明是否充足均匀等。同时,要合理划分场地的功能区域,如热身区、练习区、休息区等,并在各区域之间设置明显的标识和指示,防止学生误入或受伤。必要时,还可以配备医疗急救设施,以备不时之需。只有切实保障学生的人身安全,模拟比赛训练才能顺利、有效地开展。

(二)设备选择

设备选择是模拟比赛训练法中至关重要的环节,它直接关系到训练效果和学生竞技水平的提升程度。在选择训练设备时,教师需要立足训练目标,综合考虑多方面因素,以确保训练的针对性和有效性。

训练设备应与比赛器材相似,以便学生适应比赛环境。花式跳绳运动对绳子的质量、长度、重量等都有严格要求。因此,在训练中应选用与正式比赛相同或相近的绳子,使学生熟悉绳子的手感和操控方式,减少比赛时的不适应。同时,训练场地的大小、材质应尽量模拟赛场环境,以便学生掌握在不同场地条件下的跳绳技巧。

训练设备应具备数据采集和分析功能,为教师提供客观依据。现代花式跳绳训练已广泛应用体能测试仪、心率监测仪等科学设备。通过对学生体能指标、运动负荷等数据的采集和分析,教师可以准确把握训练强度,优化训练方案。数据分析还能帮助教师发现学生存在的问题,如动作失误频发、体能不足等,从而有针对性地加以改进。

训练设备应兼顾专项性和综合性,促进学生的全面发展。花式跳绳是一项复合型运动项目,既考验学生的速度、耐力、协调性等基础素质,又要求高难度动作的完成质量。因此,除了绳子等专项训练器材,训练中还应配备双杠、平衡木等辅助器械,以提高学生的柔韧性、平衡能力、空间感等。只有专项训练与综合训练有机结合,学生的身体素质和专项技能才能得到均衡发展。

(三)规则制定

规则制定是模拟比赛训练法中的一个关键环节,它直接影响训练的针对性和有效性。在制定规则时,教师需要充分考虑比赛项目的特点、学生的实际水平以及训练的具体目标,力求使规则设置科学合理、具有可操作性。

模拟比赛的规则应尽可能与正式比赛保持一致。这包括比赛场地的大小和布置、计分方式、犯规判罚标准等方面。只有在训练中严格执行与正式比赛相同的规则,学生才能真正适应比赛节奏,掌握比赛技巧,提高临场应变能力。同时,规则的一致性也有助于教师更准确地评估学生的比赛表现,及时调整训练策略。

在保证与正式比赛规则一致的基础上,教师还应根据训练目标对规则进行适当调整和创新。例如:为了加强学生的体能训练,可以适当延长比赛时间或缩短休息间隔;为了提高学生的心理抗压能力,可以设置一些干扰因素,如噪声、逆境等;为了培养学生的战术意识,可以对特定战术行为进行加分奖励。这些有针对性的规则设置能够突出训练重点,加强训练效果。

模拟比赛规则制定还应具有一定的弹性和包容性。教师需要根据学生的个体差异对规则进行灵活调整：对于新手学生，规则可以适当简化，减少难度；对于高水平学生，规则可以设置得更加严格，提高挑战性。这种因材施教式的规则设置能够调动每名学生的积极性，让其在合适的难度下获得最大的提高。

三、学生在模拟比赛中的心理准备

(一)压力管理

在现代高校花式跳绳训练与教学中，花式跳绳学生面临着多种压力，如高强度训练带来的身体负荷、比赛失利引发的挫败感、教师和队友的期望造成的心理负担等。如果学生不能有效应对这些压力，那么不仅会影响其训练和比赛表现，还可能损害身心健康，甚至导致运动生涯的终结。因此，在花式跳绳训练中融入压力管理策略对于保障学生的全面发展具有重要意义。

压力管理的首要任务是帮助学生认识压力，理解压力产生的原因和机制。教师应引导学生客观分析自身面临的压力源，区分积极压力和消极压力。适度的积极压力（如对优异成绩的追求）能够激发学生的潜能，推动其不断进步；过度的消极压力（如对失败的恐惧）则会削弱学生的自信心和毅力，阻碍其发挥正常水平。通过压力教育，学生能够正确认识压力的双重性，学会调节自己的压力水平，将压力转化为成长的动力。

在此基础上，教师还应传授学生科学有效的压力应对策略。一方面，教师可以指导学生掌握心理调节技能（如深呼吸、渐进性肌肉放松、正念冥想等），帮助其在面对压力时保持情绪稳定，维持身心平衡；另一方面，教师可以引导学生采用积极的认知策略（如合理归因、自我激励、积极自我暗示等），帮助其重构对压力事件的认知评价，增强抗压能力。同时，营造良好的团队氛围、提供充足的社会支持也是缓解学生压力的有效途径。

此外，在训练和比赛中适时组织心理训练也是加强学生压力管理的重要手段。通过设置逼真的情境，如模拟比赛中可能出现的各种压力场景，并指导学生运用所学策略加以应对，可以提高其面对真实压力时的心理准备水平和实战能力。教师还可以利用心理训练，帮助学生建立自信，培养乐观积极的心态，从而从根本上提升其抗压能力。

(二)自信心培养

自信心是学生在模拟比赛中取得成功的关键心理因素之一。面对高强度的训练和压力,学生往往容易自我怀疑和动摇,从而影响发挥。因此,在模拟比赛训练中,教师应该采取多种策略,帮助学生建立起坚定的自信心,以应对比赛的挑战。

教师要帮助学生树立正确的成功观。很多学生将成功与否完全等同于比赛结果,这种片面的认识容易导致较大的心理波动。教师应该引导学生意识到真正的成功在于不断突破自我、提升竞技水平。只要在训练中付出了足够的努力,哪怕在比赛中遭遇挫折,也是一种宝贵的经历。这种心态有助于学生摆脱结果的束缚,以更加积极乐观的状态投入训练和比赛。

教师要注重强化学生的优势意识。每个学生都有自己独特的长处,如果过于关注短板而忽视了优势,就容易陷入自我否定的困境。教师应该客观分析学生的技战术特点,帮助其清晰地认识自身优势。在模拟比赛中,教师可以适时给予表扬和鼓励,强化学生的自我效能感。当学生相信自己有能力战胜对手、创造佳绩时,就能在比赛中展现出更加出色的表现。

教师要重视赛前心理辅导。模拟比赛与正式比赛在心理压力上并无本质区别,很多学生在赛前都会感到紧张和焦虑。教师要帮助学生找到适合其的心理调节方法,如深呼吸、肌肉放松、积极自我暗示等。同时,教师还要营造良好的赛前氛围,用轻松愉悦的方式缓解学生的压力,让其以最佳的心理状态迎接比赛。

第四章　现代高校花式跳绳训练的安全保障与损伤预防

第一节　现代高校花式跳绳训练中的安全风险因素识别与评估

一、训练环境的安全风险因素分析

(一)场地设施检查

场地设施检查是现代高校花式跳绳训练安全保障体系中的基础环节。训练场地是学生开展跳绳运动的主要空间,其安全状况直接关系到学生的人身安全。因此,全面细致地检查训练场地及相关设施,排除潜在的安全隐患,是预防训练事故、保障学生安全的重要前提。

从场地本身来看,要着重检查地面的平整度、防滑性能和缓冲性能。花式跳绳运动对场地的弹性和抓地力有较高要求。过于光滑的地面会增加滑倒、崴脚的风险;过于坚硬的地面则不利于缓冲,容易导致运动损伤。因此,要定期检测场地地面材料的性能,及时修复破损部位,必要时进行防滑处理或铺设缓冲垫。同时,还要注意清理地面的尖锐物、杂物,消除绊倒、扎伤等危险。

从场地周边环境来看,要重点检查照明系统、通风系统和安全设施。良好的照明条件是保证训练安全的关键。练习场所内外的照明要充足,亮度要均匀,避免出现视线盲区。要定期检修灯具,及时更换损坏的灯管灯泡,确保照明系统正常运转。合理的通风换气也是必不可少的。封闭、潮湿的练习环境会引发中暑、感冒等疾病,影响学生的身体健康。要保证场馆的通风良好,定期清洁空调系统,保持空气清新。围栏、护网等安全设施起到保护作用,减少意外碰撞导致的伤害。要定期检查这些设施的牢固程度,及时加固或更换老化、损坏的部件。

(二)环境条件评估

环境条件评估是现代高校花式跳绳训练安全保障不可或缺的重要环节。只有深入分析训练场地、设施、器材等客观环境因素,精准识别潜在的安全隐患才能为学生营造安全、舒适的训练氛围,最大限度地降低训练风险,提升训练效果。

从场地设施的角度来看,训练环境的安全性评估应该从地面材质、防护措施、照明条件等方面入手。理想的花式跳绳训练场地应该具备防滑、缓冲性能良好的地面,以减少学生在训练中受伤的风险。同时,场地周围应设置必要的防护装置,如安全护栏、防撞垫等,以避免学生在失误时发生碰撞、摔倒等意外。此外,场地的照明条件也不容忽视。良好的照明不仅能够保证学生的视野清晰,更能营造积极向上的训练氛围,激发学生的训练热情。

从训练器材的角度来看,对跳绳等专项器材的安全性评估至关重要。优质的跳绳应具备耐磨、抗拉伸等特性,在保证手感舒适的同时,最大限度地降低绳索断裂的风险。同时,跳绳的长度、重量也应该根据学生的身体条件进行合理调节,避免因器材不匹配而引发肌肉、关节等部位的损伤。对于高难度花式跳绳动作,还可以采用辅助器材如助跳器、缓冲垫等,在保证动作完成质量的同时,为学生提供必要的保护。

从环境条件的角度来看,花式跳绳训练还应考虑温度、湿度、空气质量等因素对学生身心健康的影响。适宜的环境温度有助于学生在训练中保持最佳状态,避免中暑、受凉等意外的发生。而过高的空气湿度则可能影响学生的呼吸、出汗等生理功能,增加肌肉拉伤等损伤的风险。因此,训练场地应配备必要的温湿度调节设备,如空调、除湿机等,以创造最为舒适、健康的训练微环境。同时,定期对场地进行通风换气,保持空气清新,也是提升训练环境品质的重要举措。

(三)器材安全性

在花式跳绳训练过程中,器材的安全性是一个不容忽视的重要因素。跳绳运动看似简单,但实际上对绳子、手柄等器材有着较高的要求。如果所用器材存在质量隐患,那么不仅会影响学生的训练效果,更可能带来严重的安全风险。因此,加强器材安全性管理,确保训练器械的可靠性和稳定性,已经成为现代花式跳绳训练中一项刻不容缓的任务。

器材安全性管理的首要环节是建立健全器材质量标准体系。主管部门应联合相关专家,根据花式跳绳运动的特点和需求,制定严格的器材质量标准,从原材料选用、加工工艺、性能指标等方面提出明确要求。生产厂商必须严格按照这些标准组织生产,确保每一件跳绳器材都符合质量要求。与此同时,主管部门还应加大市场监管力度,严厉打击制售假冒伪劣器材的违法行为,维护良好的市场秩序。

科学的器材性能测试是保证器材安全性的重要手段。主管部门和训练单位应配备专业的器材性能测试设备,定期对跳绳器材进行抽检和性能评估。测试内容应涵盖绳子的抗拉强度、耐磨性、弹性等关键指标,以及手柄的抗冲击性、防滑性、人体工程学设计等方面。通过系统、全面的性能测试,及时发现并淘汰不合格产品,从源头上防范器材安全隐患。

规范的器材使用和保养是确保器材安全性的关键环节。训练单位应建立完善的器材使用登记制度,准确记录每件器材的领用时间、使用人员、使用状况等信息。同时,要加强对学生的器材使用教育,引导其养成良好的使用习惯,避免因使用不当而引发器材损坏或安全事故。此外,器材的日常保养也不可忽视。训练单位应安排专人定期对器材进行检查和维护,及时更换老化或损坏的部件,确保器材始终处于最佳工作状态。

二、学生身体条件与技能水平风险评估

(一)身体健康状况评估

学生身体健康状况评估是现代高校花式跳绳训练中至关重要的一环。教师必须全面了解每名学生的身体素质和潜在健康风险,以便制订科学合理的训练计划,最大限度地保障他们的安全。这一评估过程需要从生理、心理、医疗等多个维度入手,系统收集和分析相关数据,从而对学生的身体状况做出准确判断。

在生理层面,要重点关注学生的体质健康水平。这包括对其心肺功能、柔韧性、力量、耐力、速度等基本素质的测试和评估。通过标准化的体能测试(如12分钟跑、坐位体前屈、一分钟仰卧起坐等),教师可以全面了解学生的身体机能,发现潜在的体质缺陷或不足。对于专项素质(如弹跳力、协调性等)也要进行有针对性的测试,为后续的针对性训练提供依据。只有建立在科学评估基础上的训练才能真正提高学生的运动能力,同时降低受伤的风险。

心理健康评估是体检中不可或缺的一部分。花式跳绳项目对心理素质有很高要求,学生需要具备良好的注意力、自制力和抗压能力。教师可以通过心理测试问卷、个别访谈等方式深入了解每个学生的心理特点和潜在问题,如焦虑、抑郁、恐惧等。一旦发现心理健康隐患,要及时干预,必要时寻求专业心理咨询的帮助。良好的心理素质是学生稳定发挥甚至超常发挥的重要保证,也是预防运动损伤的关键因素。教师要高度重视学生的心理健康,营造积极向上的训练氛围,引

导他们以健康的心态面对训练和比赛。

此外,学生既往和现有的医疗状况也需要详细评估。这既包括外伤史、手术史等显性问题,也包括内科、眼科等潜在疾病。教师要认真询问学生的病史,必要时查阅医疗档案,全面掌握其健康状况。对于一些特殊疾病(如哮喘、心脏病、糖尿病等),要格外谨慎,听取医务人员的专业建议,在医生的指导下制订个性化的训练方案。学生的用药史也需要重点关注,某些药物可能影响反应速度、协调性等,进而增加意外伤害的风险。唯有对学生的医疗状况了如指掌,才能真正做到"医教结合",在保障健康的前提下最大限度地提升训练效果。

(二)技能水平测试

技能水平测试是现代高校花式跳绳训练安全保障体系中不可或缺的重要环节。通过科学、系统的测试,教师能够全面了解学生的身体素质、技术能力和心理状态,从而制订针对性的训练计划,合理安排训练强度和难度,最大限度地降低运动损伤风险。同时,技能水平测试为学生提供了一个自我评估、自我认识的机会,帮助其客观认识自身优势和不足,调整训练策略,提升自我保护意识。

在技能水平测试中,教师应重点关注学生的柔韧性、协调性、平衡能力、反应速度等基础素质,以及各项花式跳绳动作的规范性、连贯性、完成质量等专项技能。对于初学者,测试内容可以侧重基本跳绳动作的掌握情况,如单摇跳、交叉跳、开合跳等;而对于运动水平较高的学生,测试则应涵盖更复杂、更高难度的动作,如双飞、后空翻、侧空翻等。在设计测试方案时,教师要充分考虑学生的年龄特点、训练阶段、竞赛计划等因素,既要全面评估,又要有针对性,既要客观公正,又要激励鼓舞,力求测试结果能够真实反映学生的实际水平。

除了专项技能测试外,心理素质测评也是技能水平测试中不容忽视的方面。花式跳绳运动对心理素质有很高要求,学生需要具备良好的注意力、自信心、抗压能力和团队协作精神。通过心理测试,教师可以及时发现学生存在的心理问题(如比赛焦虑、恐惧心理等),并采取相应的心理辅导措施,帮助其建立积极、健康的心理状态。

技能水平测试不是一蹴而就的,而是一个持续、动态的过程。教师要建立完善的测试评价体系,定期开展测试工作,并做好测试数据记录、分析和反馈。通过纵向对比学生各阶段的测试结果,教师可以掌握其成长轨迹,调整训练计划;通过横向对比不同学生的测试结果,教师可以发现团队内部的差异,促进交流学习。学生则可以通过测试数据直观地看到自己的进步,增强训练信心和动力。

(三)体能与耐力分析

学生体能和耐力水平对花式跳绳训练的安全和效果有着至关重要的影响。在高强度、高难度的技术动作训练中,学生需要具备良好的心肺功能、肌肉力量和耐力,以应对长时间的反复练习和比赛。因此,在制订训练计划时,教师必须全面评估学生的体能和耐力状况,合理安排训练强度和时间,避免运动损伤的发生。

心肺功能是花式跳绳学生体能的重要组成部分。跳绳运动需要持续不断地进行有节奏的跳跃动作,对心血管系统提出了较高的要求。学生需要具备良好的有氧耐力,确保在长时间的训练和比赛中,心肺系统能够为肌肉组织提供充足的氧气和营养物质。教师可以通过测试学生的最大摄氧量($V_{O_2\,max}$)来评估其有氧耐力水平。$V_{O_2\,max}$反映了心肺系统输送氧气、肌肉组织利用氧气的能力,是衡量有氧耐力的金标准。通过定期进行$V_{O_2\,max}$测试,教师能够及时了解学生心肺功能的变化,并据此调整训练计划。

除心肺功能外,肌肉力量和耐力也是花式跳绳学生体能的关键因素。复杂的跳绳技巧动作(如双摇跳、交叉跳等)需要下肢肌肉提供强大的爆发力和持久力。良好的肌肉力量可以帮助学生完成高难度动作,而优秀的肌肉耐力则保证了动作的稳定性和持久性。因此,在日常训练中,教师应合理安排力量训练和耐力训练,并根据学生的身体条件进行个性化调整。例如,可以采用杠铃深蹲、箱式跳跃等方式针对性地提高下肢肌肉的爆发力;同时,通过大强度间歇训练(HIIT)、循环训练(circuit training)等方法,全面提升全身肌肉的耐力水平。

三、训练过程中的操作风险与防控

(一)动作规范指导

动作规范指导是保障花式跳绳训练安全、提高训练质量和效果的关键环节。在训练过程中,教师需要全程关注学生的动作表现,及时发现并纠正不规范动作,防患于未然。

首先,教师应该对每一个动作要领进行细致讲解和示范,使学生对动作有清晰的认知。例如,在教授单摇跳时,教师要强调摇绳手腕的发力方式、踩绳时机和跳跃高度等关键点,确保学生理解正确动作模式。在示范环节,教师的动作应该标准、到位,为学生树立学习榜样。

其次，在学生练习阶段，教师要巡回指导，针对个体差异提供有的放矢的动作指导。一些跳绳新手常常会出现摇绳幅度过大、踩绳踩空、起跳过猛等问题，教师需要具备敏锐的观察力，抓住关键动作失误，用通俗易懂的语言描述错误表现，同时配合肢体动作进行纠偏。对于难以领会动作要领的学生，教师要耐心讲解、反复示范，必要时可采取手把手的辅助练习，直至学生掌握要领。

再次，教师要通过对动作难度的合理设置和循序渐进的学习策略提高学生的动作质量。花式跳绳动作千变万化，不同动作的协调难度和身体素质要求差异显著。因此，教师需要全面评估学生的运动基础，科学规划技术学习进程，避免一开始就强调高难度动作而导致学生产生挫败感和增加受伤风险。例如，可以先从单摇跳开始训练，待基本功扎实后再过渡到双摇跳、交叉跳等复杂动作。在此基础上，还可引入音乐伴奏、组合动作等元素，激发学生的学习兴趣，逐渐提高技术难度。

最后，动作规范指导还需建立在人文关怀和积极互动的师生关系之上。教师应该营造民主、平等的训练氛围，鼓励学生表达训练中的疑惑和建议，给予及时的情感支持和鼓励，增强其训练信心。同时，教师还要引导学生正确对待挫折和失误，将其视为技术进步的必经之路，而非否定自我的理由。唯有在热情、耐心的指导和积极、健康的心态互动中，学生才能潜移默化地内化规范动作，实现自主学习和不断进步。

（二）训练强度控制

在现代高校花式跳绳训练中，训练强度控制是一个至关重要但又容易被忽视的环节。合理的训练强度不仅关乎学生的身体健康和运动安全，更直接影响着训练效果的提升。因此，教师必须高度重视训练强度的把控，立足学生的个体差异，遵循科学的训练规律，实现训练强度的动态调节和优化。

从生理学的角度来看，人体在进行体育锻炼时，机体各系统会产生一系列适应性反应。当训练刺激达到一定强度时，这些机体系统才会被有效触发。但如果训练强度过低，体能和技术水平就难以得到真正提高；而训练强度过高，又可能导致运动损伤和过度疲劳。可见，把握适宜的训练强度是花样跳绳训练的关键所在。

精准控制训练强度，需要先全面评估学生的身体条件。这不仅包括对身体健康状况的把握，还要考察其有氧和无氧耐力、力量和柔韧性等基础体能指标。唯有在掌握学生身体状况的基础上，才能因材施教地制订训练计划。

训练强度的设置要遵循循序渐进、科学合理的原则。一般来说，训练初期应以中低强度为主，待身体适应后再逐步提高强度。同时，在每个训练周期内，要合理安排大、中、小强度训练的比例，既要保证足够的高强度刺激，又要避免过度疲劳堆积。这就需要教师在制订训练计划时充分考虑训练目标、比赛日程、恢复时间等因素，做到心中有数、有的放矢。

除此之外，在训练过程中，教师还要时刻关注学生的身体反馈，及时调整训练强度。例如，通过监测学生的心率变化可以直观地了解其身体负荷状况。若发现心率过高或恢复不利，就要及时降低训练强度或增加休息时间。此外，还可以通过与学生的交流沟通了解其主观感受，并据此进行针对性调整。

(三)应急处理预案

第一，制定应急预案应建立在全面风险评估的基础之上。教师要深入分析训练场地、器材、动作难度等方面存在的安全隐患，评估可能出现的意外伤害类型和严重程度。在此基础上，针对性地设计应急处置流程，明确分工和职责，确保关键环节无缝衔接、有序展开。例如，针对训练中常见的踝关节扭伤，应急预案要明确现场急救、转移、就医等各个步骤，并指定专人负责联络医疗机构，确保受伤学生得到及时、专业的医疗救治。

第二，应急物资的配备是预案有效实施的重要保障。跳绳运动中一旦发生意外，及时的急救能挽救学生的运动生涯。因此，训练现场要配备必要的急救设备（如担架、急救箱、冷敷喷雾等），并定期检查和更新，确保在关键时刻能够发挥作用。同时，现场应储备足够的饮用水、毛巾、备用服装等物资，以便学生在受伤或身体不适时得到及时的照料。教师还要掌握基本的运动损伤急救技能，如骨折固定、止血包扎等，在专业医护人员到达前为伤员提供必要的救助。

第三，应急演练是提高预案执行力的有效途径。设想周全的预案如果没有付诸实践，在关键时刻可能会由于经验不足而无法发挥应有的作用。因此，教师要定期组织应急演练，模拟各种可能出现的突发情况，检验应急预案的可操作性和有效性。在演练过程中，教师和学生都能熟悉各自的职责和任务，积累实战经验，提高应变能力。同时，应急演练为预案的进一步优化完善提供了依据，教师要善于总结经验教训，及时修订和补充预案，使其更加贴近实际需求。

四、安全风险综合评估与应对策略

(一)风险评估方法

科学、系统的风险评估方法能够帮助教师全面识别和分析训练过程中存在的安全隐患,为制定有针对性的防控措施提供依据。风险评估方法可以分为定性评估和定量评估两大类。定性评估主要依靠专家的经验判断和逻辑推理,通过头脑风暴、德尔菲法等方式对风险因素进行分析和排序。这种方法操作简单,易于实施,但评估结果容易受主观因素影响,缺乏客观量化指标。相比之下,定量评估则采用数学模型和统计方法,根据历史数据和实际情况,计算风险发生的概率和造成的损失,得出风险等级。这种方法更加客观准确,但需要丰富的数据支撑且计算过程复杂。

在实践中,教师可以根据实际需要灵活选择和组合不同的风险评估方法。例如,可以先采用头脑风暴等定性方法初步识别出训练中的风险因素,再运用失效模式与影响分析(FMEA)等定量方法系统评估各因素的危险性和影响程度。定性与定量相结合既能充分利用专家经验,又能提供客观量化依据,全面揭示训练风险的分布情况和演化规律。

风险评估的关键在于构建科学完备的评估指标体系。基于花式跳绳训练的特点,评估指标应覆盖场地设施、器材装备、学生身体状况、技术动作难度等多个维度。同时,还要考虑各指标之间的相互作用和影响机制。例如,学生的身体状况和技术水平会影响动作完成的质量和安全性,场地器材的性能和维护状况又会对学生的发挥产生重要影响。只有综合考虑各因素,才能准确评判风险的整体水平。

在构建评估指标体系的基础上,还需要合理设置各指标的权重和评分标准。一般来说,与学生人身安全直接相关的指标(如器材的可靠性、动作的规范性等),应赋予较高的权重;而对训练效果影响较大但与安全关系不太密切的指标(如场地的舒适性、氛围的激励性等),权重可以适当降低。评分标准的设置要符合客观实际,避免过于宽松或严苛,确保评估结果的有效性和可比性。

风险评估的实施流程也需要进行精心设计和管理。通常,风险评估应纳入日常训练管理的全过程,贯穿备训、实施、总结等各个环节。在备训阶段,教师要根据训练计划和学生情况提前识别和评估可能出现的风险点,制定相应的预防和应对预案。在训练实施过程中,要密切关注各项风险指标的动态变化,及时调整训练强度和内容,把握风险演化规律。在训练总结阶段,要认真分析风险评估的实施情况和效果,总结经验教训,优化完善评估方法和指标体系。

(二)风险应对措施

面对现代高校花式跳绳训练中的种种安全隐患,教师必须树立起高度的风险防范意识,采取切实有效的应对措施,全力维护学生的生命健康安全。科学严谨的风险评估是制定防控措施的前提和基础。教师应从运动环境、学生自身条件、训练过程操作等多个维度系统分析可能存在的安全隐患,准确判断其发生的概率和危害程度。在此基础上,有针对性地制定防范措施,做到心中有数、对症下药。

场地设施的安全性是训练风险防控的首要任务。教师必须在训练前对场地进行全面细致的安全检查,重点排查地面平整度、缓冲性能、器材牢固性等关键要素,及时消除松动、破损等隐患。对于难以短期整改的问题,应暂停使用并设置明显警示标识,避免学生误入导致伤害事故。同时,要定期开展场地设施的专项维护,延长其使用寿命,从源头上保障学生的安全。

学生自身的身体素质和技术水平也是影响训练安全的重要因素。对于初学者和体能较差的学生,教师应制订循序渐进的训练计划,避免贸然提高强度和难度。在引导学生挑战自我的同时,也要时刻关注其身体反应,一旦出现不适症状,必须及时调整训练安排。此外,对于高难度动作,教师要反复强调规范要领,纠正学生的不良习惯,只有掌握了正确的技术,才能将意外伤害的风险降到最低。

在训练过程中,教师要时刻保持警惕,对学生的动作进行严密监控。一旦发现失误或危险动作,要立即予以制止和纠正。对于容易引发事故的关键环节(如空中转体、器材交接等),教师要给予重点提示和保护。必要时,可采用器械辅助、教师协助等措施为学生营造一个安全的练习环境。同时,教师要培养学生的安全意识,引导其树立自我保护的观念,提高风险防范的主动性和自觉性。

(三)安全教育培训

安全教育培训是构筑现代高校花式跳绳训练安全防线的重要一环。它旨在提高学生、教师和相关管理人员的安全意识,普及运动损伤预防和自救互救知识,从而最大限度地降低安全事故发生的风险。全面、系统的安全教育培训应贯穿花式跳绳训练的全过程,成为常态化、制度化的工作机制。

从内容设置来看,安全教育培训应涵盖花式跳绳运动的方方面面。首先,要加强对学生身体条件和运动负荷的科学评估,根据评估结果制订个性化的训练计划,避免盲目训练导致运动损伤。其次,要重点讲解花式跳绳项目的动作要领和安全注意事项,引导学生掌握规范的动作技术,杜绝违规动作和危险动作。再次,要系统传授运动损伤的预防、识别和处置方法,提高学生自我保护和自救互救的能力。最后,安全教育还应延伸至日常生活管理,引导学生养成健康的生活习惯,提高身体素质,从而为安全训练奠定基础。

从培训方式来看,安全教育培训应采取灵活多样的形式,提高教育的针对性和实效性。理论讲解可以帮助学生系统掌握安全知识,但单纯的说教式教育往往难以调动学生的学习积极性。因此,教师应积极创新教学方法,通过案例分析、情景模拟、实践演练等参与式教学引导学生主动思考、积极实践,加深对安全知识的理解和掌握。同时,可以利用现代信息技术手段,开发视频、动画等形式新颖的教学资源增强安全教育的直观性和吸引力。

第二节　现代高校花式跳绳训练中的安全保障措施制定与实施

一、训练前的安全检查与准备

(一)场地设备检查

高校花式跳绳训练场地设备的安全性直接关系到学生的人身安全和训练质量。因此,在开展训练活动之前,必须对场地和设备进行全面细致的检查,排除安全隐患,为学生营造安全、规范的训练环境。

场地检查应着重关注地面的平整度、防滑性能以及与周围环境的协调性。花式跳绳运动需要学生在场地上快速移动、跳跃和翻转,对地面的质量要求较高。凹凸不平或过于光滑的地面都可能导致学生发生扭伤、摔倒等意外。因此,检查人员要仔细观察场地表面,识别可能的危险因素。对于发现的问题,要及时进行修复或采取必要的防护措施,如铺设防滑垫等。同时,要注意场地周围环境的安全性,避免学生在训练时与其他物体发生碰撞。

器械设备检查需要重点关注其完整性、稳定性和规范性。花式跳绳运动需要借助绳子等器械完成各种高难度动作,器械的质量直接影响动作完成的流畅度和安全性。检查人员要仔细检查所有训练器械,确保其无破损、变形等问题,能够稳定承受学生的重量和冲击力。对于磨损严重或存在安全隐患的器械,要及时更换或维修。此外,训练器械的规格和布置也要符合花式跳绳运动的特点和需求,便于学生开展标准化训练。

(二)学生身体状况评估

在现代高校花式跳绳训练中,学生的身体状况评估是安全保障措施制定与实施的基础。通过全面、系统地了解学生的生理、心理状态,教师才能制订针对性的训练计划,合理安排训练强度和负荷,最大限度地降低运动损伤风险。

学生的身体素质与病史是评估的重点。教师需要通过体能测试、医学检查等方式全面了解学生的心肺功能、肌肉力量、柔韧性、协调性等身体素质指标,以及过往的伤病史、用药史。只有掌握了这些基础数据,教师才能根据学生的个体差异,制定科学合理的训练方案。对于存在健康隐患或特殊生理状况的学生,教师还需与医务人员保持密切沟通,采取针对性的预防和干预措施。

心理状态评估也不容忽视。花式跳绳是一项高难度、高风险的竞技运动,对学生的心理素质提出了很高要求。比赛压力、挫折应对、团队协作等都可能影响学生的心理状态,进而影响其专注力、判断力和反应速度,增加意外伤害风险。因此,教师需要运用心理测评量表、个别访谈等方法动态评估学生的心理状况。一旦发现心理问题苗头,要及时予以疏导和干预,营造良好的团队氛围,增强学生的心理调节能力和抗压能力。

学生的营养状况也是评估的一个维度。合理的膳食结构和充足的营养供给是保障学生机体正常功能、预防运动损伤的重要前提。教师需要与营养师合作,根据训练强度和消耗为学生制订科学的饮食计划,监测其体重变化和生化指标,确保各项营养素的均衡摄入。同时,还要教育学生树立正确的饮食观念,养成良好的饮食习惯,避免暴饮暴食、节食等极端行为。

(三)安全装备准备

从场地设施角度看,安全装备准备首先应关注训练场地的软硬件条件。训练场地应具备防滑、减震的特性,以降低学生在跳绳过程中由地面因素导致的扭伤、摔伤等风险。同时,场地周边应设置安全防护栏等隔离设施,避免学生失控撞击造成伤害。训练场地的照明、通风条件也应符合标准,保证学生在良好的环境中训练。

从训练器材角度看,安全装备准备需重点关注跳绳、垫子等器材的选择与管理。跳绳应选用优质材料制成,绳身应有适度的弹性和韧性,握把应防滑耐磨,长度应适合学生的身高。训练垫子应具有良好的缓冲性能,能有效吸收学生下落时的冲击力。训练器材应定期进行检查和维护,及时更换老化、损坏的器材,确保其性能稳定。

从学生自身防护角度看,安全装备准备还包括合适的训练服装和防护用具。训练服装应选择透气、吸汗的材质,避免过于宽松或紧绷影响动作发挥。同时,应准备护腕、护膝等防护用具,尤其是在进行高难度动作训练时,这些用具能够有效缓解关节部位的压力,预防运动损伤。学生还应根据自身需求,穿戴合适的鞋袜,以获得良好的缓震性和防滑性。

二、训练过程中的安全监督与指导

(一)现场监督机制

在训练场地,教师和管理人员应严格执行现场监督流程,全程关注学生的训练状态和安全情况。首先,现场监督人员要对训练场地进行全面检查,确保场地环境安全、器材设备完好无损。一旦发现安全隐患,要立即采取措施进行排除或维修。其次,在训练过程中,监督人员要密切观察学生的身体状况和动作表现,及时发现并纠正不规范动作或危险动作。对于出现身体不适、情绪异常等情况的学生,要立即停止其训练,并进行必要的医疗救助。

此外,现场监督还应包括对训练强度和密度的动态调控。教师要根据学生的年龄、身体条件、训练水平等因素科学制订训练计划,合理安排训练强度和密度。在训练过程中,要密切关注学生的体能消耗和疲劳程度,适时调整训练内容和节奏,避免过度疲劳导致意外伤害。同时,现场监督人员还要注重与学生的沟通交流,及时了解他们的身心状态和训练感受,给予必要的鼓励和心理疏导。

建立完善的现场监督机制是确保花式跳绳训练安全有序开展的重要保证。一方面,高校应制定明确的现场监督规程和工作流程,明确监督人员的职责权限和工作要求,为现场监督提供制度保障;另一方面,要加强对监督人员的培训和管理,提高其安全意识和专业素质,使其能够在实际工作中严格落实监督措施。此外,还应建立现场监督的考核评估和责任追究机制,强化监督人员的责任心和使命感。

(二)技术指导与纠正

在训练过程中,教师需要时刻关注学生的动作细节,及时发现并纠正不规范或有潜在危险的动作。这不仅有助于预防运动损伤的发生,更能帮助学生掌握正确的跳绳技巧,提升训练效果。

有效的技术指导需要建立在扎实的理论基础之上。教师应深入研究花式跳绳的生物力学原理,了解各种动作的正确要领和易错环节。同时,教师还需具备敏锐的观察力和分析能力,能够快速识别学生动作中的问题所在。只有将理论知识与实践经验相结合,才能做到对症下药,提供精准、高效的技术指导。

在技术指导过程中,教师应采取积极正面的沟通方式。对于学生存在的问题,教师应耐心解释错误原因,示范正确动作,鼓励学生反复练习。切忌一味地批评指责,否则容易打击学生的自信心,影响其训练积极性。良好的师生关系是技术指导取得成效的重要前提。

除了针对性地指导个别学生,教师还应重视对全体学生的整体把控。定期组织团队学习和技术交流,引导学生相互观摩、共同进步,能够营造良好的训练氛围,提升整支队伍的技战术水平。此外,教师还可以利用多媒体技术手段(如慢动作回放、动作捕捉等)直观展示学生的动作细节,便于其自我评估和调整。

然而,技术指导绝非一蹴而就,需要教师与学生共同付出长期而艰苦的努力。在这个过程中,教师要履行好引路人和领航员的职责,以专业的眼光、负责任的态度为每一名学生的成长保驾护航。同时,教师也要不断学习,与时俱进,掌握最新的训练理念和方法,以满足学生日益增长的需求。

(三)安全隐患及时排除

作为一项高度依赖技巧和协调性的运动项目,花式跳绳训练过程中潜在的安全风险不容忽视。若未能有效识别并消除这些隐患,学生的身心健康将受到严重威胁,训练质量和效果也难以保证。因此,现代高校花式跳绳训练必须树立"安全第一"的理念,建立完善的安全隐患排查机制,做到防患于未然。

安全隐患排除需要从多个方面入手。首先,要加强训练场地和器材的定期检查与维护。花式跳绳对训练场地的平整度、弹性等有较高要求,不合格的场地易引发崴脚、摔伤等意外。其次,各类训练器材如绳子、垫子的性能与质量应定期检验,及时更换老化、磨损的器材,确保其安全可靠。最后,要高度重视学生自身的身体状况监测。教师应在日常训练中密切关注队员的身体反馈,针对疲劳、不适等情况及时调整训练计划,避免运动损伤发生。定期开展体能测试和健康评估、全面掌握学生的身体状态也是排除安全隐患的重要举措。

此外,完善的应急预案和救护措施也是安全保障体系中不可或缺的一环。尽管预防是关键,但意外伤害在所难免。一旦发生紧急情况,科学有序的应急处理可最大限度降低伤害,防止危及生命的严重后果。因此,现代高校花式跳绳训练应建立完善的应急预案,明确事故处理流程和救护措施。定期组织应急演练,提高相关人员的应急反应和救护能力。同时,训练现场还应配备必要的急救设备和药品,确保紧急救援及时有效。

安全隐患排除的根本在于安全意识的提升。再完善的制度和措施,如果缺乏学生和教师的主观能动性,也难以真正落实到位。因此,加强安全教育培训、提高队员的自我保护意识和能力是排除安全隐患的治本之策。通过专题讲座、案例分析、情景模拟等多种形式引导学生树立"安全第一"的理念,掌握基本的安全防护知识和自救互救技能。营造重视安全、人人参与的良好氛围,激发全体成员共同保障训练安全的自觉性和责任感。

三、学生的安全教育与自我保护能力培养

(一)安全知识培训

只有通过系统全面的安全教育才能提高学生和教师的安全意识,使其掌握必要的自我保护技能,从而将安全隐患消除在萌芽状态。针对花式跳绳运动的特点,安全知识培训应当涵盖场地设备、动作要领、救护措施等多个方面的内容。

场地设备是开展花式跳绳训练的物质基础。为确保训练环境的安全性,有必要对运动场地进行全方位的安全检查和风险评估。要定期检查跳绳等器材的强度、耐久性,淘汰质量不合格的用具。与此同时,场馆内的照明、通风等设施也需维护到位,以营造良好的训练氛围。通过培训,学生和教师应当熟知场地设备的安全要求,主动参与日常检查和维护,养成良好的安全习惯。

正确的动作要领是预防运动损伤的关键。花式跳绳套路动作难度大、变化多,若动作不到位,极易造成肌肉、骨骼、关节等部位的损伤。为此,安全知识培训要针对性地讲解标准动作的要领,强调发力的节奏感和稳定性。一方面,要示范

分解动作的细节,引导学生逐步掌握正确姿势;另一方面,要纠正训练中的不规范动作,避免养成错误习惯。同时,培训应当强调身体素质与难度动作匹配的重要性,提醒学生循序渐进、量力而行,切忌盲目追求高难度而忽视安全。

完善的救护措施可以化解运动风险。尽管花式跳绳属于非对抗性运动项目,但难免会发生意外情况。因此,安全知识培训必须重视急救知识的普及和急救技能的演练。一方面,要讲解常见运动损伤的处置方法(如肌肉拉伤、骨折、脑震荡等),使学生和教师掌握基本的自救互救技能;另一方面,要明确意外发生时的应急预案(如及时报告、转移伤员、协助救援等),提高对于突发事件的应对能力。此外,定期开展急救演练也十分必要,以检验培训成果,强化实战能力。

(二)自我保护技能训练

自我保护技能是花式跳绳学生防范运动损伤、保障训练安全的重要能力。在高强度、高难度的训练环境下,学生时刻面临着肌肉拉伤、韧带损伤、关节扭伤等运动损伤风险。因此,掌握科学有效的自我保护技能对于维护学生身心健康、延长运动生涯具有重要意义。

自我保护技能培养需要从意识、知识、技能三个层面入手。首先,教师应加强对学生安全意识的教育,帮助其树立"安全第一"的训练理念。通过案例分析、情景模拟等方式,让学生深刻认识到运动损伤的危害性,提高其风险防范意识。其次,教师应系统传授运动损伤预防和处理的专业知识,包括身体解剖结构、损伤机理、预防措施、急救方法等。理论学习和实践演练可以让学生掌握科学的训练方法和自我保护策略。再次,教师应注重学生自我保护技能训练。通过有针对性的力量训练、柔韧性训练、平衡性训练等提升其身体机能和运动适应能力。最后,还应加强学生心理素质的锻炼,培养其冷静应对突发情况的能力。

在日常训练中,教师应引导学生养成良好的自我保护习惯。这包括训练前的准备活动(如热身、拉伸等)以及训练后的放松恢复(如冷敷、按摩等)。对于容易受伤的关节部位(如脚踝、膝盖、腰部等)应进行重点保护(如佩戴护具、加强局部力量训练等)。在高难度动作训练时,教师应做好安全防护,合理设置保护措施,并对学生的动作进行严格把关,及时纠正不规范动作。一旦发生运动损伤,教师应迅速启动应急预案,对伤情进行评估,采取恰当的处置措施,控制损伤程度。

除了教师的指导,学生自身也应当成为自我保护的主体。这就要求学生树立正确的训练观念,虚心接受教师的指导,严格遵守训练纪律和安全规范。在训练过程中,学生应学会倾听身体的信号,及时调整训练强度和难度,避免盲目攀比和过度训练。同时,学生应掌握基本的运动损伤急救知识,能够在第一时间对损伤采取恰当的处理,减少伤害。在训练之余,学生应重视身体的休息恢复,保证充足的睡眠、合理的饮食、适度的放松,以最佳的状态投入训练中。

(三)安全意识提升

提高学生的安全意识是保障现代高校花式跳绳训练安全的关键一环。安全意识不仅指学生对于安全知识的掌握程度,还包括其安全态度、安全行为习惯等方面。只有学生真正树立起"安全第一"的理念,并将其内化为自觉行动,才能真正从主观上防范和化解花式跳绳运动中的各种安全隐患。

培养学生的安全意识需要教师、管理者共同努力。

教师应该在日常训练中渗透安全教育。这不仅包括系统地向学生讲授跳绳运动的安全知识、安全技巧,还要在训练场景中引导其养成良好的安全习惯。例如,教师可以通过情景演练的方式指导学生学会识别和应对训练中的危险情况,如跳绳缠绕、器械故障等。同时,教师还应该以身作则,时刻保持警惕,为学生树立安全意识的榜样。

高校体育管理者也应积极营造重视安全的校园氛围。可以通过开展形式多样的安全教育活动(如安全知识讲座、案例分析会、应急演练等)增强学生的安全意识。同时,管理者还应建立健全安全管理制度,明确各方主体的安全职责,并通过严格的监督和考核机制,确保安全制度落到实处。只有安全工作做到制度化、规范化,才能从客观上为学生安全意识养成创造良好环境。

培养学生安全意识是一个长期的、循序渐进的过程。教师和管理者应该因材施教,根据学生的年龄特点、认知水平等设计有针对性的安全教育内容和方式,循序善诱、潜移默化地影响其安全意识。例如:针对低年级学生,可以采用生动活泼的游戏、故事等方式来渗透安全教育;对于高年级学生,则可以组织其参与安全方案制订和实施,培养其安全管理能力。唯有持之以恒地开展安全教育,并不断创新教育模式,才能真正实现由"要我安全"到"我要安全"的思想转变。

四、紧急情况下的安全保障预案

(一)紧急救援流程

构建紧急救援流程,首先要明确各方的职责分工和协调机制。学校、教师、医务人员、后勤保障等部门要紧密配合,形成分工明确、响应迅速的应急处置团队。在此基础上,要制定详细的紧急救援预案,明确事故报告、伤员救治、现场处置、善后工作等操作流程及其注意事项。预案要经过反复演练和评估,确保在突发事件中能够迅速启动、有序运行。

紧急救援流程的关键在于第一时间对伤员进行有效救治。这就要求现场有足够的急救物资和设备,如担架、急救药品、心肺复苏器等。同时,教师和相关工作人员要掌握基本的急救技能(如伤情评估、止血包扎、心肺复苏等),在专业医护人员到达前对伤员实施有效救助。为了提高急救的时效性,学校还应与附近医院建立绿色通道,确保伤员能够在最短时间内被送往医疗机构进行进一步治疗。

除了事发时的应急处置,紧急救援流程还应包括事后的总结评估和持续改进。要认真分析事故发生的原因,总结经验教训,优化完善安全防范措施。同时,要关注受伤学生的康复治疗和心理疏导,帮助其尽快恢复身心健康,重返训练和比赛。

(二)应急物资准备

在紧急情况下,及时、充足、合理的应急物资供应能够最大限度地减少意外伤害,保证学生的生命安全和身体健康。因此,高校体育部门和教师应高度重视应急物资准备工作,建立完善的应急物资储备和调配机制。

应急物资准备的首要任务是明确物资需求清单。根据花式跳绳运动的特点和可能出现的意外情况,应急物资应包括急救药品、医疗器械、担架、夹板等基本医疗用品,以及饮用水、毛毯、照明设备等生活必需品。在确定物资清单的基础上,还应根据训练规模、学生人数等因素,合理估算各类物资的储备数量,做到供需平衡、动态调整。

在物资采购和存储环节,高校体育部门应对物资质量严格把关,确保所有应急物资符合国家和行业标准,具有安全性和可靠性。同时,应建立专门的应急物资库房,配备恒温、防潮、防尘等设施,延长物资的保质期。定期检查和更换过期物资也是存储管理中不可忽视的环节。

应急物资调配和使用应纳入紧急救援预案体系。一方面,应制定详细的物资调配流程和授权机制,明确在紧急情况下物资的调用权限和分发路径,确保物资能够在第一时间送达事发现场;另一方面,应加强对教师和学生的培训,普及应急物资的正确使用方法,提高现场自救互救能力。

(三)事故报告与处理

事故报告是事故处理的首要步骤。一旦发生人员受伤等紧急情况,现场教师和工作人员应当立即启动事故报告程序。报告内容应包括事故发生的时间、地点、涉事人员、现场情况、已经采取的应急措施等,力求全面、客观地反映事故的基本情况。与此同时,还应当及时向上级主管部门和相关机构报告,必要时寻求外部救援力量的支持。只有做到信息共享、协同应对,才能在最短时间内控制事故态势,将损失降到最低。

在事故报告的基础上,还需要进行科学、有序的现场处置。对于人员受伤的情况,现场工作人员应当立即采取必要的救护措施(如心肺复苏、包扎止血、固定骨折等),同时拨打"120"急救电话,请求专业医疗救助。在救援过程中,要注意安抚受伤人员的情绪,防止因惊慌失措而加重伤情。对于造成设施损坏的事故,应当及时疏散无关人员,划定警戒区域,防止次生灾害的发生。工作人员还应当做好现场勘查和资料收集工作,为后续事故调查和责任认定提供依据。

事故报告和处置结束后,还需要认真总结反思,吸取事故教训。组织事故相关人员召开专题会议,客观分析事故发生的原因,评估现有安全防护措施的有效性,找出工作中存在的漏洞和不足。在此基础上,应当制订整改方案,从制度建设、人员培训、设施改造等方面入手,举一反三,排除管理和操作中的安全隐患。同时,应当做好事后心理疏导工作,尤其是对受伤人员的心理创伤给予重点关注,帮助其尽快走出阴霾,恢复身心健康。

第三节　现代高校花式跳绳训练中的损伤预防与应急处理方案

一、常见损伤类型与原因分析

(一)肌肉拉伤

肌肉拉伤是花式跳绳运动中最为常见的损伤类型之一。根据损伤的严重程度,肌肉拉伤可分为轻度、中度和重度三个等级。轻度肌肉拉伤表现为局部疼痛,但肌肉功能基本正常;中度肌肉拉伤则会出现明显的疼痛、肿胀,肌肉收缩功能受限;重度肌肉拉伤甚至可能导致肌肉纤维断裂,伴有剧烈疼痛,功能丧失。

肌肉拉伤的原因是多方面的。首先,准备活动不足是肌肉拉伤的重要诱因。跳绳运动需要下肢肌肉群的快速收缩和舒张,如果运动前热身准备不充分,肌肉难以适应突然增大的张力,极易导致损伤。其次,肌肉力量不平衡也是肌肉拉伤的高危因素。花式跳绳是一项对称性运动,需要双侧下肢力量匹配与协调。若某侧下肢力量明显弱于另一侧,则在剧烈运动中更容易过度疲劳,引发拉伤。

此外,疲劳状态下的训练也容易诱发肌肉损伤。研究结果表明,疲劳会导致本体感觉和协调性下降,使学生难以精确控制动作和发力,肌肉损伤的风险大大增加。不恰当的技术动作同样是肌肉拉伤的常见诱因。花式跳绳对动作的规范性和精确性有很高要求,稍有偏差就可能改变肌肉的受力方式,引起局部应力集中,导致损伤。

(二)关节扭伤

由于花式跳绳项目对下肢关节,尤其是踝关节和膝关节的稳定性和灵活性有较高要求,学生在训练和比赛中极易发生关节扭伤。关节扭伤不仅会影响学生的训练和比赛,严重时甚至会导致学生退出训练和比赛,给学生的身心健康和运动生涯带来重大影响。

关节扭伤主要与学生的准备活动不足、训练强度过大、动作不规范等因素有关。在花式跳绳训练中,学生需要完成各种高难度的跳跃、旋转、翻腾等动作,这些动作对关节的柔韧性、稳定性和耐力都提出了很高要求。如果学生在训练前准备活动不充分,肌肉、韧带等软组织得不到充分的热身和伸展,关节的柔韧性和稳定性就会降低,扭伤的风险就会大大增加。此外,训练强度过大,学生的肌肉、韧带等组织疲劳过度,也会导致关节稳定性下降,增加扭伤风险。

为了预防关节扭伤,教师和学生都需要采取积极的应对措施。首先,教师要合理安排训练计划,科学设置训练强度和训练量,避免学生过度疲劳。其次,教师要重视准备活动和整理活动,在训练前后安排充足的时间进行热身和放松,提高关节和肌肉的柔韧性和稳定性。最后,教师要严格要求学生规范动作,纠正不合理的技术动作,减少损伤发生的可能。学生则要提高自我保护意识,主动做好热身准备,合理控制训练强度,一旦出现不适要及时报告教师并采取相应处理。

一旦发生关节扭伤,教师和学生要采取正确的急救措施和康复治疗。扭伤后应立即停止运动,冰敷患处以减轻肿胀和疼痛,并及时送医院进行检查和治疗。康复期间要遵医嘱进行功能锻炼和力量训练,循序渐进地恢复关节功能和运动能力。在康复过程中,教师要密切关注学生的身心状态,给予积极的心理疏导和鼓励支持,帮助其重拾信心。只有教师和学生共同努力,才能最大限度地降低关节扭伤发生的可能性,即使受伤也能尽快恢复,重返赛场,再创佳绩。

(三)软组织损伤

软组织损伤是花式跳绳运动中常见的创伤类型之一。软组织主要包括肌肉、肌腱、韧带、筋膜等,它们共同维系着人体的运动功能。在高强度、高难度的花式跳绳训练中,这些组织承受着巨大的机械应力,一旦超出其生理耐受范围,就容易发生损伤。

根据受力方式和损伤程度的不同,软组织损伤可分为多种类型。急性拉伸损伤是最常见的一种,通常发生在肌肉或肌腱突然受到超出其耐受能力的牵拉力时,表现为组织纤维的断裂或撕裂。过度使用损伤则是由软组织长期、反复受到微小创伤引起的慢性损伤,多见于训练强度突然增加或动作重复次数过多的情况。此外,软组织挫伤、撕脱伤等也时有发生。

软组织损伤的发生机制复杂,与个体因素和环境因素密切相关。跳绳学生的年龄、性别、身体条件等生理特点都会影响其软组织的力学特性和损伤风险。例如:青少年学生的骨骼肌尚未发育成熟,抗拉伸能力相对较弱,更容易发生肌腱病变;女性学生由于激素水平的特殊性,其韧带的松弛度高于男性,故更易罹患膝关节损伤。不恰当的训练方法也是损伤的重要原因。过于频繁的高难度动作训练,缺乏针对性的力量训练和柔韧性训练,都会使软组织长期处于亚健康状态,大大增加受伤概率。

软组织损伤不仅会影响学生的训练和比赛,还可能遗留下长期的后遗症,严重影响其运动寿命。因此,在花式跳绳训练中,预防软组织损伤至关重要。科学的训练计划、合理的运动强度和正确的动作要领是预防损伤的基本原则。同时,适当的力量训练可以增强肌肉、肌腱和韧带的抗拉伸能力,提高软组织耐受损伤的能力。而柔韧性练习则有助于改善关节活动度,减小运动中的应力集中,从而降低损伤风险。此外,学生还应注意合理饮食,保证充足的营养供给,以满足软组织修复和再生的需求。

二、损伤预防的训练方法与技巧

(一)热身与拉伸

在进行高强度、高难度的花式跳绳动作之前,学生需要通过热身活动使身体各项机能逐步达到最佳状态,为正式训练做好准备。同时,适度的拉伸可以有效增强肌肉柔韧性,扩大关节活动范围,从而降低运动过程中软组织损伤的风险。

科学、合理的热身方案应遵循从简单到复杂、从低强度到高强度的原则,循序渐进地提高身体的兴奋水平。一般来说,热身活动可分为全身性热身和专项性热身两个部分。全身性热身以提升心率、体温为主要目的,常采用慢跑、跳跃等形式。这一阶段持续5~10分钟即可,运动强度应控制在心率为最大心率的60%~70%。专项性热身则侧重模拟正式训练的动作(如基础跳、单摇跳、双摇跳等),以熟悉动作节奏,提高神经肌肉的协调性。在热身过程中,学生还应注意与队友互动,营造良好的训练氛围,增强团队凝聚力。

拉伸练习是预防运动损伤的重要手段,可分为动态拉伸和静态拉伸两种类型。动态拉伸强调主动肌肉收缩,常采用控制幅度的摆动、弹跳等动作。这种拉伸方式有助于改善动作的协调性和灵敏性,为随后的训练做好准备。静态拉伸则侧重肌肉的被动牵拉,学生通过伸展肢体并保持一定时间,可有效改善关节活动度,缓解肌肉紧张。在实施静态拉伸时,学生应该循序渐进地加大拉伸力度,每个动作维持15~30秒,其间保持匀速呼吸。值得注意的是,拉伸练习应在热身活动后进行,此时体温较高,肌肉松弛,拉伸效果更佳。

(二)正确的跳绳姿势

正确的跳绳姿势是高效、安全进行花式跳绳训练的基础。跳绳运动看似简单,实则对身体协调性、节奏感和稳定性提出了较高要求。不当的跳绳姿势不仅会影响训练效果,还可能导致运动损伤。因此,在花式跳绳训练中,教师应当高度重视对学生跳绳姿势的指导和纠正,帮助其养成规范、标准的动作习惯。

跳绳姿势直接影响着学生的跳绳效率和耐力表现。一个好的跳绳姿势应当具备以下特点:身体保持端正,重心稳定;双脚并拢,脚跟微离地面;手臂贴近身体两侧,手腕放松灵活;目视前方,颈部自然伸直。这种标准的跳绳姿势有利于发力集中,减少不必要的能量消耗,使学生能够长时间保持高质量的跳绳动作。相反,如果姿势不当(如身体前倾、重心不稳、手臂甩动幅度过大等),就会加重下肢和腰背部的负担,导致过早疲劳,难以完成高强度的训练任务。

规范的跳绳姿势还是预防运动损伤的有效措施。花式跳绳运动对踝关节、膝关节和腰椎的冲击力较大,不当的姿势会进一步加剧这种冲击,增加软组织损伤和慢性劳损的风险。例如:如果双脚过于分开,着地时容易造成扭伤;如果膝关节过度屈曲,则可能引发髌骨软化等问题。长期积累的微小损伤会严重影响学生的身体健康和运动寿命。因此,在花式跳绳训练中,教师必须重视姿势指导,及时发现并纠正学生的不良习惯,把伤病风险降到最低。

(三)合理的训练强度

合理的训练强度是保证花式跳绳训练效果和学生身心健康的关键因素。过低的训练强度难以达到提高运动能力的目的,而过高的训练强度则可能导致运动损伤和过度疲劳,影响训练的可持续性。因此,教师应根据学生的年龄、性别、身体条件等因素科学地设定训练强度,做到循序渐进、因材施教。

具体而言,在制订训练计划时,教师应遵循训练负荷渐进增加的原则。初期,可以采用较低强度、较大容量的训练方式,如每次训练时间较长但跳绳速度较慢,目的是提高学生的基础体能和耐力。随着训练的深入,可以逐步提高训练强度,如缩短训练时间但加快跳绳速度,增加高难度动作的练习时间和次数等。这样,学生的身体能够逐步适应不断提高的训练负荷,降低了运动损伤的风险。

在确定每次训练的具体强度时,教师还应考虑学生的疲劳程度和身体恢复情况。通过观察学生的呼吸频率、出汗量、动作协调性等指标,以及与学生沟通以了解其主观感受,教师可以判断学生的疲劳程度,从而及时调整训练计划。如果学生出现过度疲劳的迹象,教师应适当降低训练强度或安排休息,让学生身体得到充分恢复。只有在保证学生身体状态良好的前提下,才能持续进行高强度的训练。

此外,教师还应根据训练的侧重点,灵活调整训练强度。如果训练的重点是提高学生的弹跳力,可以适当增加弹跳类动作的练习时间和次数;如果训练的重点是提高学生的协调性和灵敏性,可以适当增加变速跳绳、交叉跳绳等动作的练习强度。这样,既能够针对性地提高学生的专项能力,又能够避免过度偏重某一种能力而忽视其他能力的训练。

三、应急处理流程与急救技能培训

(一)急救步骤

面对突发的运动损伤,及时、正确的现场急救处理至关重要。它不仅能够有效减轻伤员的痛苦,避免损伤加重,更是挽救生命的关键一环。因此,体育教师和教师必须熟练掌握运动损伤急救的基本步骤和技能,做好应急准备。

运动损伤急救的首要步骤是快速评估现场情况，判断伤情严重程度。这需要救助者保持冷静，全面观察伤员的意识状态、呼吸、脉搏等生命体征，同时询问伤员的主诉和损伤经过。对于较轻的扭伤、拉伤等，可以采取 RICE 原则（静止、冰敷、压迫、抬高）进行现场处理；对于骨折、脑震荡、休克等严重损伤，要立即拨打"120"急救电话，并在专业医护人员到来前，对伤员进行细心呵护。

骨折是运动损伤中最常见的严重类型之一。面对骨折伤员，救助者应先稳定骨折部位，避免骨折端进一步移位，造成血管神经损伤。如果条件允许，可以利用夹板、绷带等临时固定骨折肢体；如果出现开放性骨折，还要及时止血包扎，防止伤口感染。在搬运骨折伤员时，要尽量避免骨折端的二次移位，必要时可以利用担架、硬板等辅助工具。

心跳呼吸骤停是运动性猝死的主要原因，所以出现心跳呼吸骤停时，需要救助者果断实施心肺复苏术（CPR）。CPR 操作的核心是"快、准、严"——快速判断伤员意识和呼吸状态，准确找到胸骨中下 1/3 处，迅速开始胸外按压，严格控制按压频率和深度。同时，要注意人工呼吸的吹气量和频率，避免过度通气导致胃内容物反流。如果现场有 AED（自动体外除颤器），则应在 CPR 的基础上，尽早为伤员实施除颤，提高生存率。

运动性猝死是校园内最为严重的突发事件之一，处置不当极易酿成悲剧。因此，体育教师和教师必须提高警惕，加强日常管理，做好预防工作。定期对学生进行体检和心脏筛查，及时发现潜在的心脏疾病；合理安排训练计划，避免学生运动负荷过大；提高学生自我保护意识，教会其正确的运动处方。一旦不幸发生猝死事件，在全力抢救的同时，还要做好家属安抚、事故调查、后续心理辅导等善后工作。

（二）常用急救技能

在现代高校花式跳绳训练中，突发的运动损伤时有发生。面对这一挑战，培养教师和学生的急救技能显得尤为重要。只有掌握了科学、规范的急救方法，才能在关键时刻最大限度地降低损伤带来的负面影响。

心肺复苏术是花式跳绳运动中最为常用的急救技能之一。当学生因剧烈碰撞或跌倒导致心脏骤停、呼吸中断时，及时、有效的心肺复苏可以维持其生命体征，为后续救治赢得宝贵时间。教师和学生应熟练掌握心肺复苏的基本步骤，包括判断意识、呼叫救援、检查呼吸、胸外按压和人工呼吸等。通过反复训练和模拟演练，不断提高操作的准确性和熟练度，确保在实际情况中能够沉着应对、有序施救。

外伤包扎也是花式跳绳运动中不可或缺的急救技能。在训练和比赛过程中,学生难免会发生皮肤擦伤、软组织挫伤等轻度伤害。这时,及时、恰当的包扎可以有效止血,防止伤口感染,促进伤口愈合。教师和学生应掌握常见外伤的包扎方法,如压迫止血法、绷带包扎法等。同时,还应学会根据伤情的严重程度选择合适的敷料和绷带,既要起到保护作用,又要避免包扎过紧影响血液循环。

当学生在训练中发生骨折、脱臼等严重损伤时,正确的固定和搬运技巧至关重要。不恰当的处理不仅会加重伤情,甚至可能造成终身残疾。因此,教师和学生必须掌握上肢、下肢等部位骨折和脱臼的现场固定方法。一般来说,应先用夹板或其他硬质材料将骨折端固定,避免骨折端再次移位,然后用绷带或三角巾等将患肢与身体固定,减少活动。在搬运过程中,应遵循"三人抬举、四手托举"的原则,动作要轻柔、平稳,尽量减少对伤员的刺激和二次损伤。

意外休克是花式跳绳学生遭遇严重创伤性损伤后常见的并发症,表现为面色苍白、四肢发凉、血压下降等。及时识别和处理休克对于挽救学生生命至关重要。教师和学生应掌握休克的基本救治流程,包括保持呼吸道通畅、建立静脉通道、补充血容量、监测生命体征等。同时,还应掌握一些简单实用的现场处置技巧,如抬高患肢、保暖等,为抢救赢得宝贵的时间。

(三)急救设备使用

合理配置和规范使用急救设备能够最大限度地降低运动损伤风险,保证学生的生命健康。在实际训练过程中,教师和学生必须熟练掌握常用急救设备的使用方法,并养成规范使用的良好习惯。

常见的急救设备包括急救箱、担架、颈托、冰袋等。急救箱是最基本的急救设备,它集合了处理运动损伤所需的各种器材,如绷带、纱布、剪刀、镊子、消毒液等。在训练现场配备完备的急救箱能够确保在意外发生时第一时间采取有效的救护措施。担架和颈托主要用于处理较为严重的损伤,如骨折、脊柱损伤等。正确使用担架和颈托能够有效固定损伤部位,防止损伤加重,为后续救治赢得宝贵时间。冰袋是处理软组织损伤的常用设备,适当冷敷能够减轻疼痛、控制肿胀,促进损伤恢复。

掌握急救设备的使用方法需要系统培训和反复实践。教师应组织学生定期学习急救知识,开展模拟演练,提高其应急处置能力。在日常训练中,教师也要严格要求学生遵守安全规范,正确使用防护装备,养成自我保护的意识。一旦发生意外情况,教师要迅速判断伤情,果断采取急救措施,同时安排人员寻求专业医疗救助。只有形成教师指挥得当、学生配合默契的应急处置机制,才能最大限度地控制损伤,保障训练安全。

规范使用急救设备不仅关乎学生的切身利益,也体现了体育工作者的职业素养。体育运动固然追求更高、更快、更强,但学生的生命安全始终是第一位的。作为教师,必须以高度负责的态度对待安全问题,严格落实各项规章制度,为学生营造安全、健康的训练环境。同时,教师还要以身作则,时刻保持警惕,提高安全意识,带动整个团队形成"安全第一、预防为主"的良好氛围。

四、损伤后的康复训练与恢复计划

(一)康复训练方法

在花式跳绳学生的训练过程中,运动损伤是不可避免的。为了最大限度地减少损伤发生,并在损伤发生后尽快康复,科学合理的康复训练方案至关重要。康复训练不仅能够促进损伤组织修复,加速康复进程,更能够预防损伤再次发生,保障学生的职业生涯和身心健康。

制订康复训练方案需要依据损伤的类型、部位和严重程度,结合学生的个体差异,采取针对性的训练手段。对于肌肉拉伤这一常见损伤类型,康复训练应遵循循序渐进的原则,从恢复关节活动度入手,逐步过渡到肌力训练和本体感觉训练。在早期阶段,可采用关节被动活动、主动辅助活动等方式,维持关节的灵活性,防止肌肉萎缩。随着学生的康复,可逐步增加负重和抗阻训练的强度,重点提高受损肌肉的力量和耐力。同时,平衡训练和本体感觉训练也不可忽视,它们有助于改善学生的神经肌肉控制能力,减少损伤复发的风险。

康复训练还应兼顾心理康复和营养支持。运动损伤不仅给学生的身体带来创伤,也可能对其心理产生负面影响,如焦虑、抑郁等。因此,康复训练计划应包含心理辅导和干预,帮助学生建立积极的心理状态,保持对康复的信心和决心。此外,合理的饮食和营养补充也是康复不可或缺的一环。富含优质蛋白质、维生素和矿物质的食物有助于加速组织修复,提高免疫力,为康复训练提供充足的能量和营养基础。

(二)恢复进度监控

恢复进度监控需要建立在全面的评估体系之上。这一体系应该涵盖学生的生理、心理和运动能力等多个维度。在生理层面,需要重点关注学生的关节活动度、肌力、柔韧性等指标。定期进行专业的体能测试可以准确把握学生康复的阶段性成果。同时,也要密切关注学生的疼痛感受、肿胀程度等主观感受,以便及时发现潜在问题。

心理状态在康复过程中也扮演着关键角色。受伤往往会给学生带来巨大的心理压力,影响其康复的积极性和主动性。因此,恢复进度监控也要关注学生的情绪变化,通过心理干预帮助其保持乐观、自信的心态。定期组织心理辅导,鼓励学生表达内心感受,疏导负面情绪,对于维护其心理健康至关重要。

运动能力恢复是康复训练的核心目标。监控这一过程需要从基础到专项,循序渐进地评估学生的运动表现。可以从简单的本体感觉训练入手,如平衡、协调性练习,逐步过渡到模拟专项动作的功能性训练。在此基础上,还要结合学生的具体项目,设计专门的测试方案,全面评估其专项运动能力的恢复水平。

恢复进度监控的频率和力度也需要因人而异、动态调整。对于不同严重程度、不同类型的运动损伤,监控的侧重点和节奏应有所不同。一般而言,在康复初期,评估频率可以相对更高,以便及时发现问题,调整方案。随着学生的恢复,评估可以逐渐过渡到以阶段性为主。但即便在康复后期,也要保持必要的监控力度,以巩固康复成果,预防损伤复发。

五、损伤预防与应急处理持续优化

(一)反馈机制

在建立反馈机制时,要明确反馈的主体和对象。教师、学生、医务人员等都是反馈信息的重要来源,他们在日常训练、比赛中最容易发现安全隐患和应急处置的不足。同时,相关管理部门、研究机构也应纳入反馈主体,从宏观角度为体系优化提供专业意见。反馈对象包括训练计划制订者、应急预案设计者、安全保障措施执行者等,他们是反馈信息的直接使用者和改进措施的落实者。

首先,要规范反馈的内容和形式。反馈内容应涵盖事故发生的时间、地点、涉事人员、起因经过、处置过程、结果评估等关键要素,做到全面、客观、真实。对于影响重大或具有普遍性的问题,还应深入剖析其根源,提出切实可行的整改建议。反馈形式可采取口头汇报、书面报告、专题会议等多种方式,既要保证信息的时效性,又要注重沟通的针对性和有效性。

其次,要健全反馈的工作机制。建立定期与不定期相结合的反馈制度,既包括赛季总结、年度报告等常规环节,也包括赛后复盘、事故调查等随机环节。同时,要明确反馈处理的流程和责任,对收集到的信息进行汇总、分析、评估,形成优化方案,并监督落实,形成闭环管理。必要时,还可引入第三方评估,以更专业、客观的视角审视反馈机制的有效性。

最后,应注重反馈机制的激励和约束。对于积极参与、提供有价值意见的个人和部门,应给予表彰和奖励,调动反馈的主动性和积极性;对于漠视反馈、整改不力的行为,则应警示和问责,确保反馈机制落到实处、见到实效。

(二)预防措施更新

科学的力量训练是预防运动损伤的重要手段。针对性的力量训练(如核心力量训练、下肢力量训练等)可以有效提高学生的肌肉力量和关节稳定性,降低软组织损伤的风险。同时,力量训练还能够改善学生的身体控制能力和动作质量,使其在高强度、高难度的训练和比赛中保持良好的身体姿态和协调性,从而减少意外伤害的发生。在制订力量训练计划时,教师应充分考虑学生的个体差异和项目特点,合理安排训练负荷和进程,避免过度训练引发的损伤问题。

科学的柔韧性训练也是预防损伤的有效途径。良好的柔韧性不仅能够扩大关节的活动范围,增强肌肉、肌腱等软组织的延展性,还能够缓解肌肉紧张,降低肌肉拉伤的风险。在花式跳绳训练中,下肢和躯干的柔韧性尤为重要。教师应引导学生进行针对性的柔韧性练习,如静态拉伸、动态拉伸、本体感觉神经肌肉促进疗法等,并将其纳入日常训练的常规内容。同时,还应注意柔韧性训练的方法和时间安排,避免不当练习引发的损伤问题。

合理的训练计划和负荷管理是预防运动损伤的关键。科学的训练计划应遵循渐进原则,循序渐进地提高训练强度和难度,使学生的身体能够适应不断增加的运动负荷。在制订训练计划时,教师应全面评估学生的身体状况、技术水平和心理状态,合理安排训练内容和时间,避免过度疲劳和过度使用引发的损伤问题。同时,还应重视训练与比赛的合理搭配,确保学生有充足的恢复时间,降低伤病的发生风险。

学生自身的损伤防范意识也是至关重要的。教师应加强对学生的安全教育,提高学生的自我保护意识和能力。学生应学会倾听身体的信号,及时报告疼痛或不适症状,避免小伤变成大伤。同时,学生还应养成良好的生活习惯,如合理饮食、充足睡眠、适度放松等,提高身体的综合抵抗力和恢复能力。

良好的场地器材条件和维护也是预防损伤的重要保障。花式跳绳对训练场地有较高的要求,地面应具备良好的弹性和缓冲性能,以减少学生的着地冲击力。同时,跳绳器材选择和维护也应引起重视。教师应根据学生的身体条件和技术特点选择合适的跳绳型号和长度,并定期检查和更换磨损或老化的器材,降低器材因素引发损伤的风险。

(三)培训与教育

培训与教育是现代高校花式跳绳训练中损伤预防与应急处理体系的重要组成部分。它贯穿学生训练和比赛的全过程,为降低损伤风险、提高应急处置能力提供了重要保障。在花式跳绳运动日益普及、竞技水平不断提高的背景下,加强培训与教育,提升教师、学生的损伤预防意识和急救技能已经成为现代高校花式跳绳训练工作的重中之重。

系统、规范的培训是预防运动损伤的关键。通过培训,教师和学生能够系统地掌握跳绳运动的基本原理和技术要领,了解常见损伤的成因和表现,学会科学的训练方法和自我保护措施。例如,教师可以通过专题讲座、案例分析等方式向学生讲解肌肉拉伤、关节扭伤等常见损伤的发生机制,教授正确的热身、拉伸和力量训练方法,引导学生养成良好的训练习惯。学生则可以通过学习人体解剖学、运动生理学等相关知识,加深对自身机能特点的认识,从而更加自觉地进行自我管理和保护。

应急处理能力培养是化解运动风险的重要手段。运动损伤难以完全避免,因此,提高教师和学生的应急处置能力至关重要。这不仅需要掌握心肺复苏、止血包扎、骨折固定等基本急救技能,更需要具备沉着冷静、果断应对的心理素质。为此,高校可以聘请专业的急救培训师资,定期开展实操演练,模拟各种突发情况,强化教师和学生的应激反应能力。同时,学校还应配备必要的急救设施和药品,如担架、夹板、三角巾、止血带、创可贴等,确保在危急时刻能够第一时间进行有效救治。

培训与教育的效果需要通过考核来巩固和验证。单纯的理论学习和技能演练并不能完全保证在实际情境中的运用。因此,高校应建立完善的考核评估机制,定期检验教师和学生的损伤预防、应急处置能力。考核内容应涵盖理论知识和实践操作两个方面,形式可以灵活多样,如笔试、实操、情景模拟等。对于考核不合格者,要及时补训、重新考核,确保其能够达到岗位要求。考核结果不仅是对培训效果的检验,也是后续教育和管理工作的重要依据。

第五章 现代高校花式跳绳教学实践

第一节 现代高校花式跳绳课程教学设计与实施

一、花式跳绳课程目标设定与课程框架构建

(一)课程目标设定原则

高校花式跳绳课程目标设定应遵循科学性、可达性、多维性和协调性原则。

科学性要求目标设定立足花式跳绳运动的特点和规律,符合大学生身心发展规律和认知特点。教师要深入分析花式跳绳的技术特点、竞赛规则、评分标准等,提炼其中蕴含的体能素质、心理品质、社会适应能力等要素,将其转化为具体、明确的教学目标。这样制定出的目标才能准确反映花式跳绳运动的育人功能,具有较强的指导性和针对性。

可达性原则强调目标设定与学生的实际水平相适应,既要有一定的挑战性,激发学生的上进心和斗志,又不能脱离实际、遥不可及。教师要全面了解学生的体质健康状况、运动技能基础、兴趣爱好特点等,因材施教,制定既高于学生实际水平又能通过努力达成的阶段性目标。这就要求教师在教学中注重引导学生进行自我评价和反思,及时调整目标,形成持续改进、螺旋上升的良性发展态势。

多维性原则要求花式跳绳课程目标覆盖学生发展的多个维度,包括运动参与、技能学习、身体锻炼、心理健康、社会适应等。单纯关注花式跳绳竞技水平的提高是远远不够的。教师还应重视学生情感态度的培养,引导其树立运动健身的意识,养成终身锻炼的习惯;帮助学生掌握科学的锻炼方法,提高自我管理、自我调控能力;创设良好的团队氛围,增强学生的责任心、协作精神和规则意识。唯有构建多维统一、交互促进的目标体系,才能最大限度地发挥花式跳绳的育人功效。

协调性原则强调花式跳绳课程目标与高校人才培养总目标一致,与其他学科课程目标相配套。一方面,设定目标应立足学校办学定位、专业人才培养方案,努力实现知识传授、能力培养、价值塑造的有机统一,避免片面追求运动技术的掌握而忽视学生综合素质的提升;另一方面,要加强与其他学科教师的沟通协调,了解

相关课程的教学进度、考核方式等,使得花式跳绳课程的目标设计与其形成互补,共同服务于学生全面发展的需要。

(二)课程框架构建方法

在设计课程框架时,教师应立足学生的认知发展规律和运动技能形成规律,遵循由易到难、由简到繁的基本原则,合理安排理论教学与实践训练的比重,确保课程内容的系统性、科学性和可操作性。

课程框架应该体现花式跳绳运动的特点和内涵。作为一项集艺术性、娱乐性、竞技性于一体的体育项目,花式跳绳不仅要求学生掌握各种花样跳法和动作技巧,更强调动作的协调性、节奏感和表现力。因此,在构建课程框架时,教师应该将艺术表现、音乐节奏、团队协作等内容纳入其中,引导学生在掌握基本跳绳技能的同时,提升审美能力和艺术修养,培养团队意识和集体主义精神。只有将花式跳绳的运动特点和人文内涵有机融合,才能真正发挥其独特的教育价值。

课程框架应该符合学生身心发展规律和认知特点。大学生正处于身体机能迅速发展、运动能力不断提高的阶段,但不同学生之间存在显著的个体差异。因此,教师在设计课程框架时,应该充分考虑学生的年龄特点、运动基础和兴趣爱好,既要满足不同层次学生的发展需求,又要为学生的个性化发展提供空间。例如,教师可以根据学生的运动技能水平将其分为初级、中级、高级等不同层次,设计难度递进、内容丰富的教学单元和训练任务。还可以为学生提供自主选择的机会,鼓励其根据自身特点和兴趣爱好,选择适合自己的学习内容和训练方式。这种因材施教、分层教学的策略,不仅能够调动学生学习的主动性和积极性,更有利于促进其身心全面发展。

课程框架应该体现理论与实践相结合、课内与课外相衔接的原则。花式跳绳运动看似简单,实则蕴含着丰富的力学原理、运动规律和训练方法。因此,在构建课程框架时,教师应该注重理论教学与实践训练的有机结合,帮助学生理解花式跳绳的科学原理,掌握科学的训练方法。例如,教师可以利用多媒体技术,通过动画、视频等形式直观地展示跳绳动作的分解过程和要领,帮助学生快速理解和掌握动作技巧。同时,教师应该充分利用课外时间组织学生参加校内外的花式跳绳比赛、表演和交流活动,让学生在实践中巩固技能,提高水平。这种课内外结合、理论实践一体的教学模式能够最大限度地发挥花式跳绳运动的育人功能。

二、教学内容选择与组织策略

(一)教学内容选择标准

为了实现花样跳绳课程的育人目标,教学内容选择应当遵循趣味性、挑战性、层次性和综合性等基本原则。

趣味性原则要求教学内容能够激发学生的学习兴趣,调动其参与课程学习的积极性和主动性。花式跳绳运动具有独特的艺术魅力和娱乐性,教师应当充分利用这一特点,精心设计寓教于乐的教学内容。例如,可以选择热门音乐作为伴奏,编排动感十足的跳绳套路;又如,可以引入角色扮演、情景模拟等游戏化教学元素,让学生在轻松愉悦的氛围中掌握跳绳技能。唯有激发学生的学习兴趣,才能提高课堂教学效果,收到良好的育人效果。

挑战性原则强调教学内容应当具有一定的难度和挑战性,以促进学生身心潜能的最大化发挥。花式跳绳运动对学生的协调性、灵敏性、耐力等身体素质提出了较高要求,教师应当在现有教材的基础上适度增加一些富有挑战性的动作和组合。例如,双人同步花式跳绳需要学生之间默契配合,三人腾空跳要求学生具备良好的弹跳力和空间感。适度的难度和挑战不仅能够提升学生的运动能力,更能锻炼其克服困难、勇于进取的意志品质。

层次性原则要求教学内容选择要符合学生的认知发展水平,做到由浅入深、由易到难。花式跳绳课程的授课对象往往涵盖不同年级、不同专业的学生,他们的运动基础和学习需求存在较大差异。因此,教师在备课时应当对教学内容进行分层设置,针对不同层次的学生提供相应的学习任务和练习目标。例如:对于初学者,可以先教授基本的单摇跳、二重跳等动作;对于具备一定基础的学生,可以引导其尝试双摇跳、交叉跳等难度稍高的花样;对于基础扎实的学生,则可以重点培养其编创组合动作的能力。

综合性原则要求教学内容选择要立足跨学科视角,注重培养学生的综合素养。花式跳绳运动是一项集体育、音乐、舞蹈等多种元素于一体的交叉学科,蕴含着丰富的教育教学资源。在教学内容设计中,教师应积极挖掘其中的德育、美育、智育价值,帮助学生形成健全的人格。例如:通过讲解花式跳绳运动的历史渊源和文化内涵,培养学生的人文素养;通过欣赏优秀的花式跳绳比赛视频,提升学生的审美情趣;通过小组合作完成创编任务,锻炼学生的团队意识和领导力。唯有注重学科综合,才能真正落实立德树人的根本任务。

(二)教学内容组织方法

在现代高校花式跳绳教学中,科学合理地组织教学内容已经成为体育教师面临的重要课题。组织教学内容只有遵循一定的标准和方法,才能真正发挥其应有的作用。

选择教学内容的首要标准是符合学生的认知水平和运动能力。花式跳绳作为一项技巧性较强的运动项目,对学生的协调性、灵敏性、力量等身体素质提出了较高要求。因此,在选择教学内容时,教师必须充分考虑学生的实际情况,遵循循序渐进、由易到难的原则。对于初学者,应重点选择一些基本的跳绳技巧和动作,如基础摇绳、二重跳、交叉跳等,帮助其掌握花式跳绳的基本规律和要领;对于有一定跳绳基础的学生,则可以适当增加一些难度较大的动作,如后摇绳、双摇绳、团体绳等,以进一步提高其技能水平。只有选择适合学生实际水平的教学内容,才能调动其学习积极性,促进其运动能力的提升。

除了学生的认知水平和运动能力外,教学内容选择还应考虑学生的兴趣爱好。兴趣是最好的老师,只有学生对所学内容感兴趣,才能主动投入学习,取得良好的学习效果。因此,在组织教学内容时,教师应广泛征求学生的意见和建议,了解其喜好和需求。可以通过问卷调查、座谈会等方式了解学生对不同跳绳动作、音乐风格、教学方式的偏好,并据此调整教学内容。此外,教师还可以引导学生自主创编一些跳绳套路,鼓励其发挥创造力和想象力。这不仅能够增强学生的参与感和获得感,更能够培养其创新意识和审美能力。

选定教学内容后,如何对其进行有效组织也是一个关键问题。教学内容组织应遵循系统性和递进性原则,使各个知识点之间形成有机的逻辑关系,便于学生理解和掌握。具体而言,教师可以采取"整体—部分—整体"的组织策略。在教学初期,教师可以先对整套花式跳绳动作进行示范,让学生对所要学习的内容有一个整体认识。然后将整套动作分解为若干个部分,针对每个动作要点进行讲解和训练。待学生基本掌握各个动作后,再组织其将这些动作连贯起来,完成整套动作的演示。这种由整体到局部再到整体的组织方式,能够帮助学生在宏观上把握动作的完整结构,在微观上领会动作的细节要领,从而形成完整、系统的知识和技能体系。

三、教学方法创新与实践

在传统的教学模式下,教师往往采用单一的讲授法,学生被动地接受知识,缺乏主动探索和实践的机会。这种教学方式难以调动学生的学习兴趣,更无法满足学生个性化、多样化的学习需求。因此,深化教学改革,创新教学方法,已经成为现代高校花式跳绳课程发展的必然趋势。

情境教学法是一种富有成效的创新教学方法。它以学生为中心,通过创设真实、具体的问题情境引导学生主动思考、积极探索,从而获得知识与技能。在花式跳绳课程中,教师可以根据教学内容设计一系列富有挑战性的任务,如编创花式跳绳套路、组织跳绳比赛等。学生通过完成这些任务,不仅能够深化对理论知识的理解,更能锻炼动手操作能力、培养团队协作意识。同时,情境教学还能激发学生的创新潜能,鼓励其探索花式跳绳的新玩法、新技巧,使课程内容更加丰富多彩。

合作学习是另一种行之有效的创新教学方法。它强调学生之间的互动与协作,通过小组讨论、角色扮演等形式,促进知识的内化和技能的提升。在花式跳绳课程中,教师可以将学生分为若干小组,每组成员共同完成一项学习任务,如创编一套花式跳绳动作、制订一个跳绳训练计划等。在合作学习过程中,学生需要积极沟通、相互启发,集思广益,最终形成高质量的学习成果。这种教学方式不仅能够提高学生的学习效率,更能培养其沟通表达能力、组织协调能力等关键素质。

微课教学是信息技术与教育教学深度融合的产物,它以短小精悍的视频为载体,集中展示某一知识点或教学环节。在花式跳绳课程中,教师可以利用微课向学生讲解跳绳动作要领、示范规范动作,帮助学生掌握基本技能。同时,教师可以引导学生自主制作微课视频,录制并分享自己的跳绳心得、技巧。这种教学方式既能激发学生的学习兴趣,又能促进其信息技术应用能力的提升。

翻转课堂是一种颠覆传统教学流程的创新教学方法。它要求学生在课前自主学习教师提供的教学资源(如微课视频、电子教材等),在课堂上则以讨论、练习为主。在花式跳绳课程中,教师可以在课前向学生布置预习任务,如观看跳绳教学视频、阅读跳绳技术资料等;在课堂上,则组织学生进行分组练习、展示交流,对学生存在的问题进行针对性辅导。翻转课堂充分尊重学生的主体地位,激发其自主学习的内驱力,有助于培养学生的自学能力、实践能力。

四、教学实施过程中的监控与调整

(一)教学监控手段

从宏观层面来看,教学监控有助于把握教学全局,统筹协调各项教学工作。通过制定科学合理的教学监控指标体系,建立完善的教学监控机制,教学管理者能够及时了解教学运行状况,发现教学中存在的问题,并采取针对性措施加以改进。例如:定期开展教学检查,了解教师备课、授课情况,督促其严格执行教学计划;组织学生评教,征求学生对教学的意见和建议,不断完善教学方式方法;开展教学研讨活动,促进教师交流教学经验,共同提升教学水平。这些监控措施的实施,能够推动教学工作沿着正确方向有序开展,确保教学质量稳步提升。

从微观层面来看,教学监控为优化课堂教学提供了有力抓手。花式跳绳教学涉及理论讲解、技术演示、分组练习等诸多环节,每个环节的教学质量都直接影响着学生的学习效果。通过对课堂教学实施全程监控,教师能够客观评估自己的教学表现,调整和改进教学策略。例如:通过录像回放分析课堂教学,教师可以发现自己在讲解、示范过程中存在的不足,优化语言表达和动作要领;通过观察学生练习情况,教师可以了解学生对知识技能的掌握程度,有针对性地开展答疑辅导;通过师生互动效果评估,教师可以反思自己的教学方式是否调动了学生的学习积极性,进而创新教学组织形式。可见,课堂教学监控为教师专业成长和自我提升提供了契机,对于提高课堂教学质量具有直接而显著的效果。

此外,多元主体参与也是现代高校花式跳绳教学监控的重要特征。教学监控不应仅仅局限于教师和教学管理者,还应充分吸收学生参与其中。一方面,学生是教学活动的直接参与者,对教学效果有切身体会,能够为教学监控提供真实、可靠的一手信息;另一方面,让学生参与到教学监控中,有利于增强其主体意识,调动其参与教学改革的积极性。例如,鼓励学生通过座谈、问卷等方式反馈教学意见,建立学生教学信息员制度,发挥学生在教学监控中的重要作用。只有形成以教师为主导、教学管理者为支持、学生广泛参与的多元监控格局,才能构建起行之有效的教学质量保障体系。

(二)教学调整策略

教学监控的首要任务是收集全面、真实的教学信息。这就要求教师采用多种方式全方位观测教学情况。课堂观察是最直接的监控手段,教师通过观察学生的课堂表现(如专注度、参与度、练习完成情况等)可以较为准确地判断教学效果。同时,教师还应重视学生的反馈,虚心听取他们对教学内容、教学方法的意见和建议。这些第一手资料无疑是教学监控的宝贵资源。此外,教学督导、同行评议等外部监控机制也应引起重视,它们能够从不同角度为教师提供客观中肯的评价。

在获取监控信息的基础上,教师还需要进行科学分析。单纯罗列数据并无太大意义,关键是要从中发现规律、把握趋势。例如,如果某个知识点学生普遍掌握不好,教师就应反思是否存在教学疏漏或重难点把握不当等问题。又如,学生的课堂参与度持续走低,则可能预示教学方式欠缺吸引力,需要进一步改进。总之,有效的教学分析应该是目的明确、逻辑严密的,它直指问题症结,为后续调整指明方向。

教学调整的核心是变革,它针对监控中发现的问题,对原有教学方案进行必要的修正和完善。调整的着力点应该是"当下",即聚焦于眼前最紧迫、最关键的问题。同时,调整还应"立足长远",着眼于学生的可持续发展。在策略选择上,教师要因时因地制宜,灵活变通。对于不同层次、不同需求的学生,教学调整应有所侧重。比如:对于基础较为薄弱的学生,教师可能需要投入更多时间以巩固基本概念;对于学有余力的学生,教师则可以适当增加拓展性内容。无论采取何种调整策略,都要以学生发展为中心,充分尊重学生的主体性,调动其学习积极性。

五、教学效果评价与反馈机制

(一)评价指标体系

完善的教学评价指标体系是实现现代高校花式跳绳教学目标、保障教学质量的重要基础。科学、合理的评价指标不仅能够全面考查学生的学习效果,更能引导教师优化教学内容和方法,促进教学活动的持续改进。因此,构建一套契合花式跳绳教学特点、突出学生主体地位的评价指标体系已经成为体育教育工作者的共识和努力方向。

传统的体育教学评价往往以教师为中心,侧重学生运动技能的考核,忽视了学生在学习过程中的情感体验和价值认同。这种评价模式难以全面评估学生的综合素质,更无法激发其学习的内在动力。与之相对,现代教育评价理念强调以学生发展为本,注重过程性评价与终结性评价相结合,关注学生在体育学习中的个性化需求和全面发展。在这一理念指导下,花式跳绳教学评价指标体系的构建应立足以下原则。

首先,评价指标应覆盖学生在花式跳绳学习中的知识、能力、情感态度等多个维度。在知识层面,评价指标应考查学生对花式跳绳的基本概念、动作要领、编排规则等理论知识的掌握情况;在能力层面,评价指标应关注学生花式跳绳基础技术的熟练程度、动作的协调性和创编能力;在情感态度层面,评价指标应体现学生对花式跳绳运动的兴趣爱好、团队协作意识、勇于挑战的进取精神。唯有建立起多维度、立体化的评价指标体系,才能真正实现对学生综合素质的全面评价。

其次,评价指标应突出过程性评价,动态地记录学生在花式跳绳学习中的进步和发展。传统的终结性评价只注重学期末学生技能的考核结果,无法反映其学习过程中的收获和成长。而过程性评价则通过连续、动态的观察和记录,客观地评估学生在不同学习阶段的表现,及时发现并解决学习困难,鼓励学生持续进步。在构建评价指标时,教师应设置阶段性目标,如单摆、双摆、交叉、穿越等不同难度的跳绳动作,记录学生的达成情况;同时,应关注学生在练习中的努力程度、自主学习能力等表现,给予适时的指导和鼓励,促进其不断进步。

再次,评价指标应重视学生的自评和互评,发挥其在教学评价中的主体作用。学生是学习的主人,应当成为评价活动的积极参与者。教师在设计评价指标时,应充分吸收学生的意见和建议,使评价标准更加贴近学生的实际需求;在评价过程中,应引导学生开展自我评价和相互评价,提高其自我管理、自我激励的能力。例如:教师可以鼓励学生制订个人跳绳学习计划,并定期进行自我评估;组织学生开展分组对抗和评比活动,让其在相互评价中取长补短、共同提高。学生通过参与评价,能够更深刻地认识自己的优势和不足,调动起学习的主动性,真正成为学习的主人。

最后,评价指标应与教学目标紧密结合,引导教学活动优化和改进。评价指标设置必须服务于教学目标,为教学提供及时、有效的反馈。教师应根据花式跳绳课程的总体目标和阶段性目标设计相应的评价指标,并在教学实践中不断修正和完善。通过对学生学习效果的多角度评估,教师能够准确把握教学中的成绩和问题,有针对性地调整教学内容、改进教学方法,不断提升教学质量。同时,科学合理的评价指标能够传递给学生正确的学习导向,引导其在掌握基本知识和技能的基础上,着眼于能力提升和情操陶冶,从而实现全面发展的目标。

(二)反馈机制设计

为了保证教学效果评价与反馈机制的有效性,教师应建立科学、合理的评价指标体系。该体系应涵盖学生在知识、技能、情感态度等方面的表现,全面反映其在花式跳绳学习中的进步和不足。在制定具体指标时,教师可以参考课程目标、教学内容、学生特点等因素,确保指标具有针对性和可操作性。同时,评价指标体系还应具有一定的弹性和开放性,能够根据教学实际进行动态调整,以适应学生发展的需要。

在评价方式上,教师应采用多元化的评价手段,综合运用形成性评价和总结性评价。形成性评价贯穿教学全过程,通过课堂观察、作业评阅、实践考核等方式,及时了解学生的学习状况,发现并解决存在的问题。这种及时的反馈有助于调动学生的学习积极性,促进其不断进步。总结性评价则侧重对学生学习结果评估,可以采用期末考试、技能测试等方式进行。在评价内容上,除了考查学生对基本知识和技能的掌握,还应重视对其创新能力、团队意识、健康行为等关键素养的考查。

评价主体多元化也是教学评价与反馈机制的重要内容。除了教师评价外,学生自评、互评也应成为评价的重要组成部分。学生自评有助于其建立自我反思意识,客观认识自己的优缺点;学生互评则能够培养其批判性思维和沟通表达能力。在评价过程中,教师还可以邀请家长等多方参与,听取不同主体的意见和建议,形成更加全面、客观的评价结果。

第二节　分层教学法在现代高校花式跳绳教学中的应用

一、分层教学法的理论基础与实施原则

(一)理论基础

建构主义学习理论强调,学习是学习者主动建构知识的过程,学习者并非被动地接受知识,而是基于原有经验,通过同化或顺应的方式不断重组自己的认知结构。这一理论为分层教学提供了重要启示:教学应以学生为中心,尊重学生的个体差异,为不同层次的学生提供相应的学习支持,引导其主动参与知识建构。

维果茨基的最近发展区理论揭示了学习与发展的辩证关系。最近发展区指的是学生独立解决问题的实际发展水平与在教师指导下所能达到的潜在发展水平之间的差距。换言之,学生在教师适当的引导和帮助下,能够完成比自己实际水平更高的学习任务。这一理论阐明了教师对学生发展的促进作用,也为分层教学的实施提供了理论依据。分层教学通过为不同层次的学生设置与其最近发展区相匹配的教学目标和学习任务,既避免了因难度过高而产生的挫折感,又防止了由缺乏挑战导致的学习倦怠,从而最大限度地激发每个学生的学习潜能。

(二)实施原则

分层教学法要坚持因材施教原则。学生是教学活动的主体,不同学生在年龄、性别、身体素质、运动基础等方面存在着显著差异。教师必须充分尊重学生的个体差异,根据每个学生的具体特点和实际水平来设计教学内容、确定教学目标、选择教学方法。只有做到因材施教、因人而异,才能最大限度地调动每个学生参与花式跳绳学习的积极性,实现其个性化、差异化的发展。

分层教学法要遵循循序渐进原则。花式跳绳动作种类繁多,难度梯度大,对学生的协调性、灵敏性、耐力等身体素质要求较高。如果一味追求高难度动作,忽视学生的接受能力和运动基础,就容易导致学生心理上产生畏难情绪,行为上出现放弃、逃避等消极反应。因此,教师在设计分层教学内容时,要合理把握动作难度的递进,注重由易到难、由简单到复杂的循序渐进过程。科学的递进设计使每个学生都能在原有水平的基础上不断取得新的进步,增强运动能力,提高学习兴趣。

分层教学法要坚持面向全体原则。分层教学的宗旨在于实现因材施教、有教无类,最大限度地满足不同层次学生的发展需求。这就要求教师在实施分层教学时,既重视对优秀学生的培养,发掘其运动潜力,又关注后进学生的进步,予以针对性的指导和帮助。无论是教学内容设计,还是教学过程组织,都应兼顾不同层次学生的实际情况,努力做到全员参与、人人受益。只有坚持面向全体原则,才能真正体现分层教学以学生发展为本的教学理念。

二、学生技能分层与差异化教学策略

(一)技能分层标准

具体而言,可以从以下几个维度来划分学生的技能水平。

首先,根据学生的协调性、灵敏性、力量等身体素质指标,可以将学生的技能水平划分为优秀、良好、一般等不同层次。这些基本素质是学习花式跳绳技能的重要基础,直接影响学生的运动表现和学习效果。教师应针对不同素质层次的学生制订相应的体能训练计划,为技能学习奠定良好的身体基础。

其次,结合学生已掌握的花式跳绳基本功(如单摇跳、交叉跳、后摇跳等)对其技能水平进行分层。掌握基本功是学习复杂技巧的前提,学生在基本功方面的差异将直接影响后续学习的难度和进度。教师应全面评估学生的基本功掌握情况,有针对性地补足欠缺,夯实技能基础。

再次,要充分考虑学生的学习能力和悟性。花式跳绳动作变化多样,对学生的记忆力、领悟力提出了较高要求。因此,在分层时应将学习能力作为重要参考指标,识别出学习快慢不同的学生群体,从而因材施教、分类指导。对于悟性较高的学生,教师可以适当增加动作难度,加快学习节奏;而对于学习能力一般的学生,则应放慢进度,以循序渐进、反复练习的方式巩固动作要领。

最后,分层标准制定还应兼顾学生的发展潜力。通过综合分析学生的身体条件、运动经历、学习态度等因素,教师可以判断其在花式跳绳方面的发展前景,预判未来的技能提升空间。对于那些具有较大发展潜力的学生,即使其当前技能水平并不突出,教师也应给予更多的关注和指导,帮助他们挖掘潜力,实现技能的快速提升。

(二)差异化教学方法

差异化教学是指教师根据学生的个体差异采取不同的教学方法和策略,以满足不同学生的学习需求,促进每一名学生的全面发展。在高校花式跳绳教学中,学生在年龄、性别、体质、运动基础、学习能力等方面存在较大差异,采用"一刀切"的统一教学模式显然难以奏效。因此,教师必须深入分析学生的个性特点,因材施教,在教学目标、教学内容、教学方法、教学组织形式等方面进行针对性设计,最大限度地调动每一名学生的学习积极性,实现因材施教、因需施教。

目标差异化是差异化教学的首要环节。教师应根据学生的运动基础和学习能力为不同水平的学生设定不同的阶段性目标。对于基础较好的学生,可以设置更高的目标,如掌握高难度动作、提高动作的协调性与美观性等;对于基础较薄弱的学生,则应设置较为基础的目标,如准确完成各个动作要领、提高动作的连贯性等。同时,教师还应该根据学生的兴趣爱好为其提供不同的发展方向,满足学生多元化的发展需求。

内容差异化是保证教学针对性的关键所在。面对不同技能水平的学生群体，教师应根据其实际情况合理设计与安排教学内容。对于基础薄弱的学生，教学内容应以基本功为主，通过反复练习巩固动作要领；对于基础扎实的学生，则可以适当增加动作难度，引入更多创新元素。此外，教师还可以为不同水平的学生提供个性化的学习资源，如为基础薄弱的学生提供技术动作分解视频，为基础扎实的学生提供比赛视频欣赏，以满足其差异化的学习需求。

方法差异化是实现因材施教的有效途径。教师应根据学生的认知特点和学习风格灵活采用多种教学方法，营造个性化的学习情境。例如：对于思维敏捷的学生，教师可以多采用启发式教学，鼓励其自主探索、积极思考；对于动手能力强的学生，教师则可以增加练习实践的机会，引导其在实践中提高；对于领悟力较强的学生，教师可以通过示范讲解等方式帮助其快速掌握动作要领。总之，只有根据学生特点，因材施教，才能使每一名学生都能找到适合自己的学习方式，不断取得进步。

组织形式差异化是差异化教学的关键。在教学过程中，教师应根据教学内容和学生特点，灵活设计与组织教学，为不同水平的学生提供针对性的练习。例如：对于基础动作的学习，教师可以采取分组练习的方式，让不同水平的学生分别进行训练；在进行综合性练习时，教师则可以采取异质分组的方式，让基础好的学生带动和帮助基础较薄弱的学生，在同伴互助中共同提高。同时，教师还应充分利用课余时间，为不同需求的学生提供个别化辅导，解决其学习中遇到的困难和问题。

（三）教学资源配置

要实现因材施教、分层教学的目标，必须根据不同技能层次学生的学习需求合理配置教学资源，为每一名学生提供适合的学习条件和环境。这就要求教师在备课阶段深入分析学情，针对不同技能层次学生的特点，有的放矢地设计教学内容、选择教学方法、组织教学活动。

在教学内容方面，教师应根据学生的技能水平，精心挑选既具有针对性又富于挑战性的跳绳动作和套路。对于初级水平的学生，可以选择一些基础性的单摇跳、摇摆跳等动作，帮助其掌握跳绳的基本节奏和动作要领；对于中级水平的学生，可以引入交叉跳、双飞跳等难度更高的动作，提升其协调性和灵活性；对于高级水平的学生，可以设计一些创新性的组合动作和竞技套路，激发其挑战自我的热情。同时，教师应注重动作的连贯性和完整性，引导学生建立起系统化的跳绳知识体系。

在教学方法方面,教师应根据不同技能层次学生的认知特点和学习风格灵活采用多种教学策略。对于初级水平的学生,可以多采用示范法、指导法等直观性较强的教学方法,帮助其直观理解跳绳动作的要领;对于中级水平的学生,可以采用练习法、游戏法等参与性较强的教学方法调动其学习的主动性和积极性;对于高级水平的学生,可以采用探究法、竞赛法等开放性较强的教学方法,发挥其自主学习和创新探索的潜力。同时,教师还应注重师生互动、生生互动,营造民主、平等、和谐的课堂氛围。

在教学活动组织方面,教师应根据不同技能层次学生的个性特征和团队意识科学设置学习情境和实践平台。对于初级水平的学生,可以多组织一些趣味性、游戏性较强的集体活动,如集体单跳接力赛、团队摇摆跳竞赛等,培养其合作意识和集体荣誉感;对于中级水平的学生,可以组织一些难度适中的分组活动,如双人双摇、三人交叉跳等,锻炼其默契配合和相互支持的能力;对于高级水平的学生,可以搭建一些专业性较强的展示平台,如跳绳技巧大赛、创编套路会演等,为其提供一展身手、相互切磋的机会。同时,教师应注重活动的目标性和过程性评价,引导学生树立正确的成才观和成功观。

三、分层教学目标设定与训练计划制订

(一)目标设定方法

在花式跳绳教学实践中,科学合理的目标设定是关键一环。只有设定明确、具体、可行的学习目标,才能有的放矢地组织教学活动,调动学生学习的积极性和主动性,最终达成预期的教学目标。对于分层教学而言,目标设定更需要因材施教,充分考虑不同技能水平学生的实际情况和发展需求。

从学生主体性出发,目标设定要尊重学生的个体差异。花式跳绳运动对学生的协调性、灵敏性、耐力等身体素质有较高要求,学生的先天禀赋和后天训练程度不尽相同。因此,教师在设定学习目标时,要充分考虑每名学生的运动基础和潜力,针对不同层次设定差异化、个性化的目标。对于基础较好的学生,可以设定较高难度的技巧练习目标,如双摇跳、交叉跳等;对于基础较薄弱的学生,则应以掌握基本跳跃技术为主,如单摇跳、二重跳等。总之,要让每名学生都能找到适合自己的"最近发展区",体验到跳绳运动的乐趣,增强运动自信心。

学习目标设定要符合学生认知发展规律。花式跳绳技巧多样，难度梯度大，对学生的动作协调、节奏感、空间想象等认知能力都有较高要求。如果学习目标超出学生的认知水平，就容易导致学生产生挫折感和畏难情绪。因此，学习目标应该循序渐进，由易到难，由简单到复杂。教师可以将复杂的高难度动作分解为若干个简单动作，让学生逐步掌握，再进行综合练习。同时，教师应该注重引导，启发学生建立正确的动作概念和思维表象，加深对跳绳技巧的理解，从而提高学习效率。

学习目标设定要兼顾短期与长期。花式跳绳运动技巧的形成是一个长期的过程，不可能一蹴而就。因此，学习目标既要包括阶段性的短期目标，又要有长远的发展目标。短期目标具有可操作性，如"一周内掌握正反摇跳绳""两周内完成一套连续性组合动作"等，有助于强化学生的成就感和学习动力；长期目标则指向学生运动能力的整体提升，如"提高跳绳耐力""形成优美的跳绳风格"等，需要长时间积累和坚持。教师要引导学生树立远大理想，同时脚踏实地，一步一个脚印地完成阶段性任务，最终达成预期的发展目标。

(二)训练计划制订

在制订训练计划时，教师应该遵循科学性、系统性和可操作性的原则。首先，训练内容选择要符合花式跳绳运动的基本规律，重点突出核心技术动作学习和巩固。通过运用运动生物力学、运动解剖学等学科知识，教师可以更加精准地分析动作要领，优化示范动作，并据此调整训练手段和方法。其次，训练计划要体现递进式的系统安排，做到环环相扣、步步为营。教师应该以学生已有的运动基础为起点，分解跳绳动作的技术环节，逐步提高训练难度和强度，引导学生从单一动作学习过渡到组合动作练习，最终形成完整的套路编排能力。同时，训练计划应该具有可操作性，明确阶段性目标和任务，细化训练时间、场地、器材等要素，为教学实施提供明确指引。

在制订训练计划的过程中，因材施教的理念尤为重要。面对不同技能水平的学生，教师要根据其运动基础、身体素质、学习特点等制订个性化的训练方案。对于基础薄弱的学生，教师应该给予更多的鼓励和帮助，通过设置易于达成的阶段性目标，增强其学习信心和兴趣；对于基础较好的学生，教师则可以适度增加训练难度，引导其挑战更高水平的技术动作，不断挖掘运动潜力。在因材施教的基础上，教师还应该注重学生的主体参与，鼓励其根据自身特点和需求，调整训练计划和进度。这种师生互动不仅有助于提高训练效果，更能培养学生自主学习、自我管理的能力。

(三)训练进度管理

训练进度管理的首要任务是根据学生的技能水平和学习特点,为其制订个性化的训练计划。这就要求教师全面了解每一名学生的运动基础、身体素质、学习能力等情况,在此基础上因材施教,有的放矢地安排训练内容和训练量。例如,对于基础较好、学习能力较强的学生,教师可以适当增加训练难度和训练密度,以充分发掘其潜力;对于基础较弱、学习能力一般的学生,教师则应降低训练强度,以循序渐进、稳扎稳打的方式提升其技能水平。这样的分层训练计划既能满足不同学生的实际需求,又能调动其学习积极性,避免"一刀切"式的训练模式带来的挫败感和抵触情绪。

在制订个性化训练计划的同时,教师还应该对训练进度进行动态监控和及时调整。一方面,教师要密切关注学生的训练状态和进步情况,通过观察、测试等方式收集数据,客观评估其技能提升的速度和质量;另一方面,教师要灵活地调整训练计划,根据学生的实际表现和反馈适时调整训练内容、训练强度和训练节奏。例如,教师如果发现某名学生在训练中遇到瓶颈或是出现身体不适等情况,就应及时调整其训练计划,给予适当的休息时间或是降低训练强度,以保证训练的安全性和有效性。只有在"教"与"学"之间形成良性互动,训练进度管理才能真正发挥应有的作用。

四、分层教学效果评估与优化

(一)评估指标

分层教学效果评估是一项复杂而系统的工程,需要从多维度、多角度进行综合考量。科学设置评估指标是确保评估客观、公正、有效的关键。在设计分层教学效果评估指标体系时,应充分考虑花式跳绳运动的特点,立足于提升学生的运动技能、身体素质、情感态度、社会适应能力等目标,构建既全面又有针对性的指标框架。

评估指标体系应涵盖学生运动技能的提高情况。花式跳绳运动技术复杂,动作变化多样,对学生的协调性、灵敏性、耐力等身体素质要求较高。因此,在评估学生运动技能时,不仅要考查其掌握动作要领的程度,完成动作的准确性、规范性,更要关注其完成动作的质量,如动作是否连贯流畅、是否富有表现力等。同时,应设置一些开放性的测试项目,让学生展示自己的创编能力,以评估其对花式跳绳运动的理解和掌握程度。

评估指标体系还应关注学生身心健康状况。花式跳绳运动强度较大,有助于增强学生的心肺功能,促进其骨骼、肌肉的生长发育。定期进行一些生理指标测试(如心率、肺活量等)可以客观地反映学生身体机能的变化情况。同时,要通过问卷调查、访谈等方式了解学生参与花式跳绳运动的情绪体验,评估其自信心、自我效能感的提升程度。

学生社会适应能力的提高也应纳入评估指标体系。花式跳绳运动以集体项目为主,需要学生之间密切配合、默契协作。在评估过程中,教师应重点观察学生在团队合作中的表现,如是否能够积极沟通、相互鼓励,是否能够为集体荣誉而努力拼搏等。此外,还可以设置一些情境模拟测试,考查学生在面对困难和挫折时的应对能力,评估其克服困难、迎接挑战的意志品质。

(二)评估方法

分层教学法在花式跳绳教学中的应用效果评估需要构建科学的评估体系。该体系应包含多个维度,既要考查学生的跳绳技能,也要关注其身心全面发展。

在技能评估方面,教师可以从单摇跳、双摇跳、交叉跳等基本技术动作的标准性和熟练度入手,考查学生对不同难度花式跳绳动作的掌握情况。通过设置量化的评分标准(如动作的协调性、连贯性、节奏感等)可以客观反映学生技能水平的提升。同时,还可以引入学生互评、自评等多元评价方式,激发学生的参与热情,培养其自我认知和反思能力。

在身心发展评估方面,教师需要从体能素质、心理品质、社会适应等多个角度入手。可以通过体能测试(如耐力、协调、灵敏等指标的变化)考查学生身体机能的提升情况。心理品质的评估可以借助心理量表、行为观察等方法,重点关注学生的自信心、毅力、抗挫折能力等。社会适应能力评估则要着眼于学生在团队协作、沟通表达等方面的表现。情景模拟、小组讨论等形式可以考查学生在实际情境中的应变和交往能力。

评估过程中还要注重学生个体差异,采取因材施教的策略。对于基础较弱的学生,评估应侧重鼓励进步,帮助其建立学习信心;对于技能水平较高的学生,评估则要适度拔高标准,激励其不断挑战自我、追求卓越。制定个性化的评估方案可以更好地满足不同层次学生的发展需求。

(三)优化措施

从评估指标来看,不仅要关注学生的学业成绩,更要注重其综合素质的提升。除了考查学生对知识的掌握程度,还应该评估其创新意识、实践能力、团队协作等关键能力。同时,评估指标的设置要体现差异性和针对性,充分考虑不同学生的个体特点和发展需求。"一刀切"的评估标准难以全面反映深度学习的成效,反而会挫伤学生的学习积极性。

选择科学合理的评估方法是做好深度学习效果评估的关键。传统的标准化测试虽然具有一定的客观性和可比性,但却难以深入考查学生的思维品质和创新潜能。因此,教师应积极探索多元化的评估方式,将定性评价与定量评价相结合、过程性评价与终结性评价相结合,全面、动态地反映学生的学习状况。例如:教师可以通过课堂观察、提问、作业等方式了解学生在学习过程中的表现;通过小组合作项目、研究性学习等考查学生运用知识解决实际问题的能力;通过学生自评、互评、教师评价等引导学生反思自己的学习过程,调动其主动性和参与度。唯有采取灵活多样的评估方法,才能准确把握深度学习的实施效果。

第三节　现代高校花式跳绳教学中的多媒体与信息技术辅助应用

一、多媒体与信息技术在花式跳绳教学中的融合

(一)多媒体教学工具

多媒体教学工具具有直观性、互动性、便捷性等优势,能够有效提高教学效率和质量。在花式跳绳教学中,教师可以利用多媒体课件、视频、动画等形式生动地展示各种花式跳绳动作要领,帮助学生建立正确的动作概念。多媒体教学工具还能为学生提供丰富的感官刺激,激发其学习兴趣,调动其主动参与的积极性。

具体而言,在花式跳绳基本功训练中,教师可以利用慢镜头、分解图等多媒体手段清晰地展示每个动作的关键环节,引导学生掌握正确的动作技术。在花式跳绳套路编排教学中,教师可以运用三维动画、虚拟仿真等技术直观地呈现整套动作,帮助学生理解动作的衔接与节奏。在花式跳绳理论知识讲解中,教师可以通

过图文并茂的多媒体课件系统地阐述花式跳绳的起源与发展、竞赛规则与裁判法、训练原则与方法等内容,拓宽学生的专业视野。

此外,多媒体教学工具还为学生的自主学习和合作探究提供了便利条件。学生可以利用网络平台观看优秀选手的比赛视频,学习先进的训练方法;利用即时通信工具与队友交流心得,分享经验;利用虚拟现实设备进行动作模拟,改进技术细节。这些都有助于学生形成开放、创新的学习理念,提升其自主学习和团队协作的能力。

(二)信息技术平台

随着互联网、大数据、人工智能等技术的飞速发展,传统的课堂教学模式已无法完全满足学生多样化、个性化的学习需求。为了提升教学质量,培养学生的创新能力和实践能力,高校体育教师必须主动拥抱信息技术,充分利用各类数字化教学平台,不断创新花式跳绳教学方式方法。

在花式跳绳教学中,信息技术平台可以发挥多重积极作用。首先,教师可以借助在线教学平台将教学内容数字化,制作形式多样、生动直观的教学课件,帮助学生更好地理解和掌握跳绳技术动作要领。通过视频、动画、虚拟现实等多媒体形式呈现教学内容能够激发学生的学习兴趣,让学生拥有身临其境的学习体验,提高教学的吸引力和感染力。

信息技术平台为学生提供了丰富的自主学习资源。教师可以在平台上传跳绳教学视频、技术动作分解图、练习方案等资料,学生可以根据自己的学习进度和需求随时随地进行观看学习。这种泛在化的学习方式突破了时间和空间的限制,学生能够更加自由、灵活地安排学习,调动自主学习的积极性。

信息技术平台有利于实现个性化、精准化教学。基于学习分析技术,教师可以实时跟踪了解每个学生的学习行为和学习效果,了解其知识掌握情况和薄弱环节,从而有针对性地进行教学设计和个性化指导。学生也能够通过平台获得及时的反馈和评价,客观认识自己的学习状况,不断调整学习策略,实现自我完善。

借助信息技术平台,教师还可以开展各种形式的在线教学活动,丰富花式跳绳课程的教学内容和形式。例如,教师可以组织学生利用平台进行跳绳技术交流、经验分享,开展跳绳比赛、挑战赛等,培养学生的合作意识和竞争意识。学生通过频繁的交流和互动,不仅能够相互学习,取长补短,而且有助于营造良好的学习氛围,增强集体凝聚力。

(三)融合教学策略

在教学理念层面,融合教学策略倡导以学生为中心,利用丰富的多媒体资源,如视频、动画等,直观展现花式跳绳技巧,激发学生主动学习兴趣,使教学更加生动、有趣。同时,融合策略强调个性化与差异化教学,借助信息技术手段分析学生学习数据,精准把握每名学生的学习状况,从而定制教学内容,确保每名学生都能获得适合自己的学习路径。此外,创新教学方式成为可能,如通过虚拟现实技术构建沉浸式学习环境,让学生在模拟场景中实践跳绳技巧,提升学习效果。最后,信息技术强化了师生互动,提供了便捷的反馈渠道,使教学不再受时空限制,促进了师生间的深入交流与合作,共同推动花式跳绳教学迈向新的高度。

在教学内容层面,教师应注重基本功与创新动作的结合,理论知识与实践技能的融合。花式跳绳运动不仅包括一系列基本动作(如摇摆跳、交叉跳、迎面跳等),还涵盖了众多创新性的组合动作。为了帮助学生打好基本功,教师可以利用慢动作视频、动作要领图解等方式对各种基本动作进行细致入微的讲解和示范,并通过在线测试、互动问答等形式检验学生的学习效果。在此基础上,教师还应重视创新动作学习和训练。一方面,教师可以收集整理国内外优秀选手的比赛视频,供学生欣赏学习;另一方面,教师可以鼓励学生发挥想象力和创造力,自编组合动作,并利用视频剪辑软件制作成个人秀或团体秀。在理论知识方面,教师不仅要讲解花式跳绳的历史沿革、竞赛规则、裁判方法等基础内容,还应充分利用计算机仿真、虚拟现实等技术,帮助学生直观地理解跳绳运动的力学原理、生理效应等抽象概念。唯有如此,才能实现理论与实践的有机统一,促进学生花式跳绳综合素养的提升。

二、多媒体资源开发与应用实例

(一)教学视频制作

教学视频作为多媒体教学资源的重要组成部分,在现代高校花式跳绳教学中发挥着不可替代的作用。高质量的教学视频能够直观、生动地呈现花式跳绳的动作要领和技术细节,帮助学生更快、更准确地掌握跳绳技能,提升教学效果。因此,教师应该重视教学视频制作,充分发挥其在教学中的独特优势。

制作优秀的花式跳绳教学视频需要精心设计教学内容。教师应该根据教学大纲和学情分析明确每个视频的教学目标和重点,合理安排视频内容。例如:针对初学者,视频可以重点展示基本跳绳动作的要领,如手脚协调、跳跃节奏等;而对于高水平学生,视频则可以侧重复杂花式动作的分解演示和连接方法。同时,视频内容还应该兼顾趣味性和实用性,激发学生的学习兴趣。

教学视频制作应该突出针对性和互动性。针对性是指视频应该紧密结合教学内容和学生特点,提供有针对性的讲解和示范。例如:针对易错动作,教师可以通过慢动作回放、局部放大等手段进行重点讲解;针对不同水平的学生,教师可以提供差异化的示范和指导。互动性是指视频应该为学生提供参与互动的机会,增强学习的参与感和获得感。例如:教师可以在视频中设置问题情境,引导学生思考;鼓励学生录制自己的练习视频,与教师和同学分享交流。

教学视频制作应该注重形式的多样化和艺术化。单一、呆板的视频形式难以吸引学生的注意力,也不利于营造良好的学习氛围。因此,教师应该尝试多种视频呈现方式(如动画演示、慢动作分解、实景拍摄等),增强视频的表现力和感染力。同时,视频应该注重美化包装,合理运用背景音乐、字幕说明、画面转场等艺术处理手段,提升视频的艺术感和观赏性。

(二)互动课件设计

互动课件设计应充分考虑花式跳绳运动的特点和学生的认知规律。花式跳绳动作变化多样,对学生的协调性、灵活性和节奏感都有较高要求。因此,互动课件应通过视频、动画等多种形式直观展示各种花式跳绳动作的要领,帮助学生建立准确的动作概念。同时,课件还应设置适当的互动环节,如动作模仿、节奏跟随等,引导学生主动参与,加深对动作的体验和理解。

互动课件的另一个重点是创设问题情境,培养学生发现问题、分析问题和解决问题的能力。例如,教师可以在课件中设置一些常见的花式跳绳动作错误,让学生通过观察、比较找出错误所在,并提出改正方法。又如,教师可以利用课件模拟花式跳绳比赛场景,设置一些战术决策问题,引导学生运用所学知识提出合理的战术安排。这些问题情境不仅能够激发学生的思考,还能培养其勇于创新的品质。

互动课件在花式跳绳教学中的应用还应注重与其他教学手段的整合。例如,教师可以在课件中插入一些力学原理的简单解释,帮助学生理解动作背后的科学原理;又如,教师可以利用课件记录学生的练习数据,并将其可视化,帮助学生客观认识自己的进步和不足。这种多元化的教学方式能够全面调动学生的感官和思维,使其全身心地投入学习。

(三)虚拟现实应用

虚拟现实(virtual reality,VR)技术在花式跳绳教学中的应用,为学生提供了沉浸式、交互式的学习体验。VR技术通过构建逼真的三维跳绳场景,模拟真实的视觉、听觉、触觉等感官刺激,使学生身临其境地参与到跳绳训练中。在虚拟环境下,学生可以观摩标准动作示范,并实时接受动作纠正和反馈,从而加深对动作要领的理解和掌握。

VR技术还能够为学生创设个性化、梯度化的学习情境。教师可以根据学生的能力水平设计不同难度的跳绳任务和关卡。学生通过不断挑战、突破自我,逐步提升跳绳技能。同时,VR技术能够实时记录学生的训练数据,如跳绳次数、节奏、耗时等,便于教师掌握学生的学习进展,有针对性地予以指导。这种因材施教的方式有助于调动学生的学习积极性,满足其多样化的学习需求。

此外,VR技术在花式跳绳教学中的应用还能够拓展训练的时空边界。利用VR技术,学生可以在课余时间、家庭环境中进行跳绳练习,突破了传统训练受场地、器材限制的瓶颈。网络化的VR技术还可以连接不同区域的学习者,促进跨校、跨地域的交流与切磋。学生通过虚拟社区分享学习心得、竞技比拼,不仅拓宽了视野,也提升了学习的乐趣和动力。

三、信息技术在技能分析与反馈中的应用

(一)技能数据采集

随着传感器技术、大数据分析等新兴技术的迅猛发展,运动技能的数字化、可视化成为可能。通过在训练场地、器械上部署专业的动作捕捉设备,教师可以实时采集学生在训练过程中的关键动作数据,如跳绳频率、跳跃高度、身体姿态等。这些数据经过专业软件的处理和分析,能够为教师和学生提供直观、精准的反馈信息。

从教学的角度来看,技能数据采集有助于教师掌握学生学习状况,优化教学方案。传统的花式跳绳教学主要依靠教师的经验和观察来判断学生的动作质量,难免存在主观性和局限性。而通过数据采集和分析,教师可以全面、客观地了解每个学生的技能水平和进步情况。基于数据的可视化呈现,教师能够精准诊断学

生动作中存在的问题,针对性地提供个性化指导。同时,通过对不同时间段数据的纵向比对,教师还能够掌握学生技能发展的动态变化,及时调整教学计划和训练强度,确保教学科学、高效。

从学习的角度来看,技能数据采集为学生提供了直观的自我认知工具。在传统训练模式下,学生往往难以通过自我感知来判断动作的标准性,也无法准确把握自身与他人、与标准动作之间的差距。而数据采集和分析为学生提供了一面"镜子",帮助其直观地认识自我。通过可视化的数据反馈,学生能够清晰地看到自己动作的关键参数,了解自身不足。基于客观数据的自我评估,学生能够树立清晰的努力方向,调动主动学习的积极性。

此外,技能数据采集还为学生的自主训练提供了有力支撑。在课外训练时,学生可以使用便携式的动作捕捉设备,随时随地采集自己的训练数据。通过与标准动作数据的对比,学生能够及时发现并纠正动作偏差,达到事半功倍的训练效果。同时,训练数据的累积也是学生自我成长的见证。学生可以通过回顾历史数据了解自身技能的发展轨迹,增强学习自信心和成就感。

技能数据采集还为教学评价提供了科学依据。传统的花式跳绳考核主要采取教师主观打分的方式,评价结果难免受到个人经验和偏好的影响。而通过数据采集和分析,教师可以从动作标准性、完成质量等多个维度对学生的技能水平进行量化评估。基于客观数据的考核结果更加准确、公正,既为学生提供了清晰的技能发展参照,也为教学质量的持续改进提供了可靠依据。

(二)技能分析软件

技能分析软件通常配备多角度、高清晰度的摄像头阵列,能够全方位记录学生跳绳过程中的身体姿态、绳索轨迹等信息。软件内置的智能算法可以自动识别关键动作节点,如起跳、空中、落地等,并进行精细化的参数提取和统计分析。例如,通过对起跳高度、摆绳速度、跳跃节奏等数据的计算,软件能够量化评估学生的运动表现,发现其中存在的问题和提升空间。

这些客观、精准的数据反馈对于优化教学策略具有重要价值。教师可以根据技能分析报告调整针对性训练内容,有的放矢地改进学生的薄弱环节。同时,生动直观的可视化数据也有助于增强师生互动,激发学生的学习兴趣。学生可以通过软件直观地审视自己的跳绳动作,发现并纠正错误的细节,形成正确的运动感知和身体控制能力。

当然,技能分析软件应用也对教师的信息化素养提出了更高要求。教师需要熟悉软件的操作流程和分析功能,学会解读技术化的数据报告,将抽象的数字转化为具体教学语言。这就需要教师主动学习信息技术知识,提升跨学科融合的能力,在技术与教学的交叉领域不断探索创新。

(三)反馈机制设计

设计反馈机制需要充分考虑反馈的时效性、针对性和多样性。从时效性来看,反馈应该贯穿教学过程的全过程,而非仅仅局限于课后或阶段性评价。借助信息技术手段,教师可以实时监测学生的训练数据,如跳绳次数、耗时、节奏等,并据此给出即时反馈。这种反馈有助于学生及早发现问题,调整训练策略,避免错误动作固化。

从针对性来看,反馈内容应该紧密结合学生的个体特点和学习需求。对于不同水平的学生,教师需要提供差异化的反馈。例如:对于基础薄弱的学生,反馈应侧重对基本动作要领的指导和纠正;对于技术熟练的学生,反馈则可以更多地关注难度动作的训练和创新编排的指导。这种因材施教式的反馈,能够最大限度地调动每名学生的学习积极性,帮助其取得进步。

从多样性来看,反馈形式应该丰富多元,不拘泥于单一模式。除了常见的语言反馈外,教师还可以利用信息技术提供可视化的反馈。例如,通过视频分析软件对学生的跳绳动作进行捕捉和解析,生成直观的数据图表和动作轨迹,帮助学生直观认识自己的不足;再如,教师可以利用虚拟现实技术为学生提供沉浸式的反馈体验,让其在虚拟场景中模拟训练,获得实时的动作纠正和指导。

四、线上线下混合式教学模式探索

(一)线上教学平台

线上教学平台在现代高校花式跳绳教学中发挥着不可或缺的作用。它突破了传统教学模式的时空限制,为学生提供了更加灵活、便捷的学习方式。通过线上平台,学生可以随时随地访问教学资源,根据自己的学习进度和需求自主制订学习计划。这种自主学习模式不仅能够提高学生的学习效率,更能够培养其自主学习能力和时间管理能力。

线上教学平台的一大优势在于其强大的互动功能。传统的课堂教学往往以教师讲授为主,学生被动接受知识,缺乏师生、生生之间的交流互动。而线上平台提供了丰富的互动工具,如在线讨论区、视频会议、实时问答等,这使得教学活动更加生动、多元。学生可以通过这些工具与教师、同学进行及时沟通交流,分享学习心得,解决学习困惑。这种互动式学习不仅能够激发学生的学习兴趣,调动其参与热情,更能促进协作学习,提升学生的团队意识和沟通能力。

值得一提的是,线上教学平台还为花式跳绳教学提供了丰富的多媒体资源。传统的教学以文字、图片为主,难以直观地呈现花式跳绳的动作要领和技巧要点。而线上平台可以集成视频、动画、虚拟现实等多种形式的教学资源,为学生提供更加生动、形象的学习体验。学生可以通过观看示范视频了解动作的标准和细节;可以利用交互式动画分解、练习每一个动作;还可以借助虚拟现实技术模拟真实的跳绳场景,提高动作的准确性和协调性。这些多媒体资源应用大大提升了花式跳绳教学的直观性和趣味性,为学生的学习和训练提供了有力支持。

(二)线下实践活动

在线下实践活动中,教师可以根据教学进度和学生特点开展形式多样、内容丰富的跳绳练习和比赛。例如,教师可以组织学生进行单人绳、双人绳、集体绳等不同类型的跳绳训练,引导其掌握标准动作要领,提高动作的规范性和协调性。在此基础上,教师还可以设计一些趣味性强、难度适中的游戏或比赛,如"八字绳""绳式接力"等,激发学生的参与热情。这些活动不仅能够帮助学生巩固基本功,还能培养其敏捷性、灵活性等身体素质。

除了基础性的跳绳练习,教师还应注重引导学生开展创编实践活动。花式跳绳运动的一大魅力在于其变化多样、创意无限的组合动作。教师可以鼓励学生根据音乐节奏、难度要求等自主创编一些新颖独特的跳绳套路。在创编过程中,学生不仅能够充分发挥想象力和创造力,还能学会运用所学知识分析问题、解决问题。同时,由于创编工作需要团队的密切配合,因此学生的沟通表达能力、组织协调能力也能得到锻炼和提升。

值得一提的是,教师还可以引导学生走出课堂,积极参与各类校内外花式跳绳比赛或表演。一方面,通过与其他高校、社会团体的交流切磋,学生能够开阔眼界,学习借鉴优秀的跳绳技巧和编排经验;另一方面,在比赛或表演的舞台上,学生能够充分展示自己的训练成果,增强自信心和成就感。这些宝贵的经历不仅能够提升学生的跳绳水平,更能磨砺其意志,培养其吃苦耐劳的体育精神。

（三）混合式教学案例

在混合式教学中,线上平台为学生提供了丰富的教学视频、互动课件等数字化资源,使学生能够根据自身需求自主安排学习进度和内容。与此同时,线下实践活动则为学生创造了展示技能、交流心得的机会,增强了学习的针对性和参与感。通过线上线下的有机结合,混合式教学模式充分发挥了多媒体与信息技术的优势,提升了花式跳绳教学的效率和质量。

以某高校开设的"花式跳绳"选修课为例。该课程采用了混合式教学模式,在学校教学平台上建立了专门的课程网站,上传了跳绳基本功、花式跳绳等系列教学视频,并设置了在线测试、讨论区等互动模块。学生可以根据自己的时间安排随时登录平台学习理论知识,并通过在线测试检验学习效果。同时,课程还安排了每周两次的线下实践课,让学生在教师指导下进行分组训练、情景模拟等实践活动。学生既能及时获得教师的技术指导和反馈,也能在小组合作中提升团队意识和沟通能力。此外,课程还定期组织校内外花式跳绳比赛,为学生提供一展身手的舞台,激发其学习热情和进取精神。

混合式教学模式应用极大地拓展了花式跳绳教学的时空边界。学生不再局限于课堂这一单一场景,而可以利用碎片化时间在线学习理论知识,掌握跳绳技巧。课堂上,教师则可以根据学生的在线学习情况有针对性地开展教学活动,加强学生对薄弱环节的训练。同时,线上讨论区、在线测试等也为教师提供了及时了解学生学习状态、调整教学策略的渠道。在"课内课外、线上线下"四位一体的混合式教学模式中,学生的主体地位得到彰显,其学习自主性和积极性显著提高。

五、多媒体与信息技术辅助教学的效果

（一）学习效果评估

多媒体与信息技术辅助教学应用在现代高校花式跳绳教学中取得了显著成效。通过科学评估学习效果,教师可以全面了解学生在知识、技能、情感态度等方面的发展变化,从而优化教学策略,提升教学质量。

在知识层面,多媒体课件使用使得教学内容更加直观、生动,有助于学生理解和掌握花式跳绳的基本动作要领和编排方法。通过视频案例分析,学生能够观察优秀学生的动作细节,找出常见错误,加深对动作规范的认识。同时,信息化教学

平台建设为学生提供了丰富的学习资源,拓宽了知识面,激发了学习兴趣。

在技能层面,虚拟现实等技术引入为学生提供了身临其境的训练环境。通过模拟不同场景下的跳绳动作,学生能够反复练习,提高动作的准确性和连贯性。动作捕捉与分析软件帮助学生及时发现并纠正动作中的缺陷,促进了学生运动技能的提升。信息化教学还有利于实现个性化指导,针对不同学生的特点提供有针对性的反馈,提高训练效率。

在情感态度层面,多媒体教学增强了花式跳绳课程的趣味性和吸引力。生动活泼的视频素材、有趣的互动游戏等调动了学生的积极性,培养了他们对花式跳绳运动的喜爱之情。网络平台上的交流互动促进了学生之间的切磋和鼓励,营造了良好的学习氛围,增强了团队意识和集体荣誉感。

(二)教学效率提升

多媒体与信息技术应用大大提升了现代高校花式跳绳教学的效率。通过多媒体教学工具,教师可以更直观、生动地演示跳绳动作要领,帮助学生快速建立正确的动作概念。例如,教师可以利用慢镜头、分解动作等视频剪辑技术将复杂的跳绳动作分解为若干个简单动作,逐一讲解和示范,使学生能够更清晰地观察动作细节,掌握动作的关键点。同时,多媒体课件还可以将文字、图像、音频、视频等多种信息整合在一起,全方位、多角度地展示教学内容,激发学生的学习兴趣,加深对知识点的理解和记忆。

信息技术平台引入拓展了花式跳绳教学的时空边界。借助在线教学平台,学生可以随时随地访问教学资源,按照自己的节奏安排学习,不再受限于固定的课堂时间。教师也可以通过平台发布作业、组织讨论、开展测试,实现教学过程的全流程管理。此外,大数据分析技术应用使得教师能够实时跟踪学生的学习数据,了解每名学生的学习进度、对动作掌握情况和薄弱环节,从而有针对性地进行个性化辅导,因材施教。学习分析技术还可以帮助教师优化教学设计,改进教学策略,不断提升教学效果。

(三)学生参与度分析

传统的花式跳绳教学以教师讲解示范为主,学生被动接受知识和模仿动作,难以调动学生学习的主观能动性。而多媒体教学工具(如PPT、视频等)生动直观地呈现了跳绳动作要领,使抽象的语言描述变得具体、形象。信息技术平台(如微信群、"学习通"等)为师生互动、学生间交流搭建了便捷渠道。学生可以随时随地观看教学视频,与教师和同学分享心得体会,这种泛在的学习方式大大激发了学生探究知识、磨炼技能的热情。

数据分析技术在学生参与度评估中发挥了重要作用。通过对学生出勤率、课堂发言频次、练习时长等数据的采集和挖掘,教师能够客观、精准地掌握每名学生的学习状态,有针对性地开展个性化指导。同时,学习数据可视化让学生直观地看到自己的进步,增强学习的成就感和自信心,从而更加积极主动地投入花式跳绳的训练中。

此外,虚拟现实等前沿信息技术在花式跳绳教学中的应用前景广阔。利用VR设备,学生可以在虚拟场景中进行跳绳动作的模拟训练,获得身临其境的体验。AI技术则能够对学生的动作进行实时捕捉和分析,给出专业的改进建议。这些科技的引入无疑会进一步提升学生参与花式跳绳学习的兴趣和动力。

参考文献

[1] 陈亨明. 身心潜能理论与激发训练创新研究[M]. 长春:吉林大学出版社,2020.

[2] 丁霞,彭伟,敖翔. 花样跳绳教学实践与培训体系研究[M]. 长春:吉林出版集团股份有限公司,2021.

[3] 张丽丹. 绳之韵:花样跳绳运动进校园[M]. 西安:西安出版社,2024.

[4] 岳慧灵. 体育课程运动处方教学模式[M]. 长春:吉林人民出版社,2020.

[5] 刘海荣,冯强明,胡晶. 新时代高校体育与健康教程[M]. 天津:天津大学出版社,2022.

[6] 马健勋. 高校体育教学与科学训练[M]. 北京:北京工业大学出版社,2023.

[7] 位一纯,何松博,贾洪淳. 高校体育教学工作研究[M]. 长春:吉林科学技术出版社,2023.

[8] 马超. 高校体育教学与训练研究[M]. 长春:吉林出版集团股份有限公司,2022.

[9] 陈婷婷. 高校体育教学模式创新研究[M]. 北京:九州出版社,2023.

[10] 陈辉. 高校体育教学探索与模式构建研究[M]. 北京:北京工业大学出版社,2023.

[11] 孙琦林. 高校体育教学与科学化锻炼研究[M]. 长春:吉林人民出版社,2023.

[12] 张萍. 现代高校体育教学与运动训练研究[M]. 哈尔滨:哈尔滨出版社,2022.

[13] 任翔,张通,刘征. 高校体育教学模式创新研究与实践[M]. 沈阳:辽宁人民出版社,2023.

[14] 武承辉,丁旭飞,李永奇. 高校体育教学方法与实践研究[M]. 长春:吉林科学技术出版社,2023.

[15] 张正,吴宗喜. 高校体育教学与人才培养[M]. 长春:吉林人民出版社,2022.